LA JOURNÉE

D'UN

PHILOSOPHE

PAR E. QUIX.

Multa flagella peccatoris.

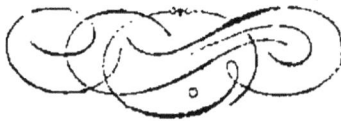

ARRAS,

TYP. DE E. LEFRANC, 26, RUE SAINT-MAURICE.

—

1857

LA JOURNÉE

D'UN PHILOSOPHE.

Est quasi dives, cum nihil habeat :
et est quasi pauper, cum in multis
divitiis sit.   (*Proverbes*, XIII, 7.)

C.

LA JOURNÉE

D'UN

PHILOSOPHE

PAR E. QUIX.

Multa flagella peccatoris.

ARRAS,

TYP. DE E. LEFRANC, 26, RUE SAINT-MAURICE.

—

1857

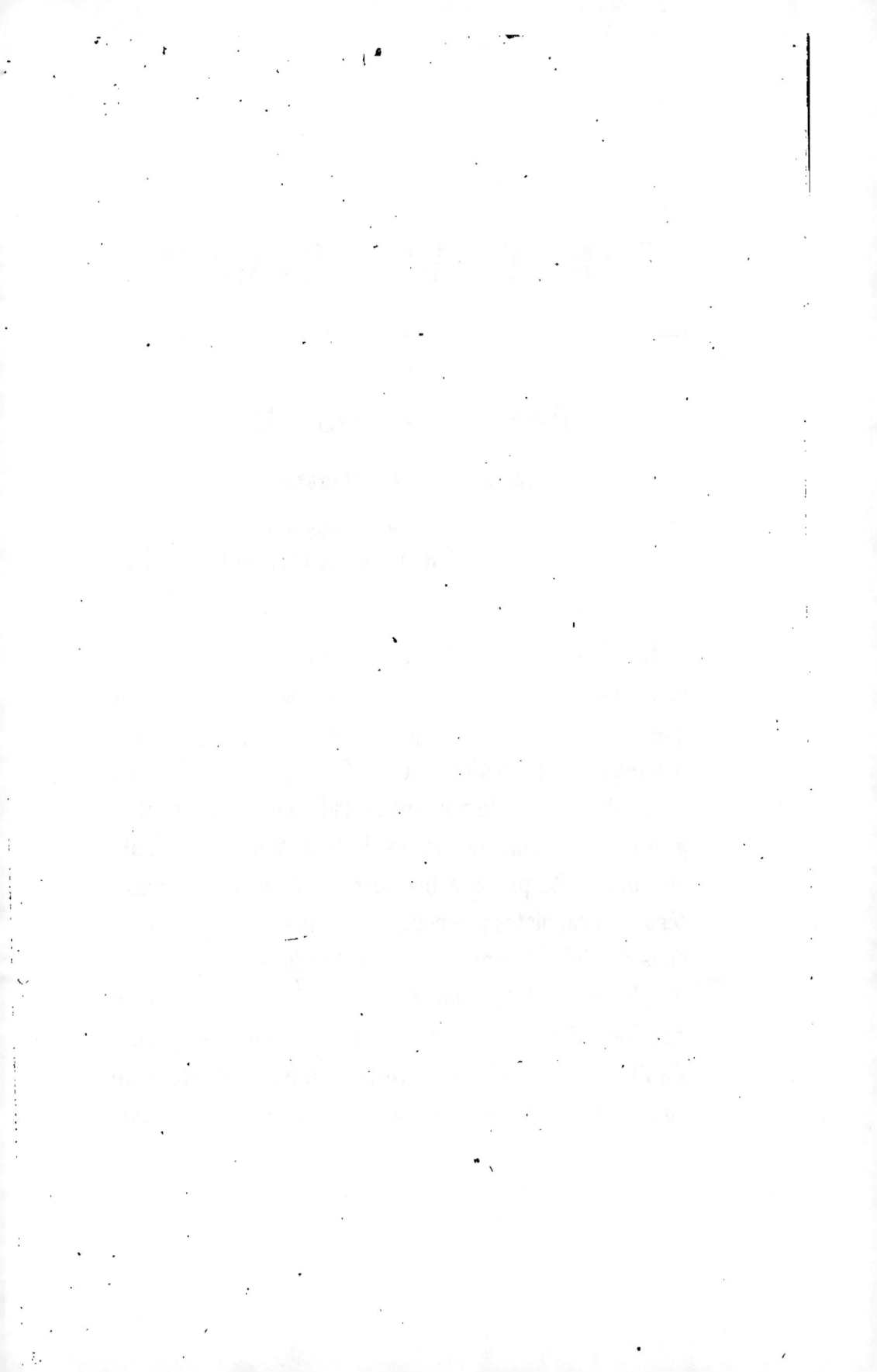

LA

JOURNÉE D'UN PHILOSOPHE.

PREMIÈRE PARTIE.

DÉPART D'UN VOYAGEUR.

> Le chat de l'empereur est son cousin.
> Grande lanterne, mais petite lumière.
> HENRI CONSCIENCE.

La vallée de C... est située entre L... et D... Si
le temps est calme et l'atmosphère sereine, pour peu
que vous portiez vos regards vers le nord, vous avez
devant vous la petite ville de C... qui se dresse en
amphithéâtre sur le versant méridional d'une montagne célèbre dans les fastes de la France. A l'orient,
sur une crête presque inaccessible s'élève un monastère de Trappistes ; la religion semble avoir pris soin,
sous ce ciel clément et favorisé des dons de la nature,
de placer ce poste avancé de la prière, comme pour
appeler, d'une manière plus sensible, la pensée
de l'homme à la reconnaissance envers l'auteur de
tout bien. Plus loin, un peu plus au nord, se dessine

un autre pic, mais inhabité, qui forme l'extrême frontière de la France, et du haut duquel vous pourriez compter quinze villes, éparses au milieu de la riche et luxuriante végétation des Flandres belges. Tournant vos regards vers l'occident, votre horizon est borné, au premier plan, par l'antique et chrétienne cité de H..., la ville flamande au langage wallon; puis, dans les lointains fuyants de la plaine, apparaissent les dunes, dont les sommets mouvants étincellent au soleil, et annoncent la place célèbre où est assise la glorieuse cité de Jean Bart. Au delà, la vue se perd sur les flots écumeux de cette mer scandinave que sillonnent en tous sens les hardis esquifs des belliqueux descendants de Sigurd et de Fingal. Bref, peu de contrées possèdent à un degré aussi éminent, le glorieux privilége d'unir ensemble trois choses rares et excellentes, trop souvent séparées : une foi profonde, une riche nature, et de beaux souvenirs historiques. —

Nous sommes au mois de novembre. Il est six heures du matin. Une brume épaisse enveloppe la vallée et les monts, et dérobe aux regards la scène de cette histoire. Dans une saison plus heureuse, alors que les chauds rayons d'un soleil de juin illustrent ces campagnes d'une beauté incomparable, j'aurais pu mettre sous les yeux du lecteur de vastes et plantureuses prairies, parsemées d'animaux aux formes gigantesques, d'immenses plaines couvertes de précieuses moissons ou de riches cultures industrielles, et, sur la montagne, la bruyère émaillée de genêts aux fleurs d'or, les buissons de houx au feuillage luisant, et la sombre verdure des sapinières ; je lui aurais rappelé le bourdonnement de l'insecte sous l'herbe et parmi les fleurs, les vifs éclats de l'alouette et de la grive, le joyeux ramage du bouvreuil et du pinson dans les haies, le doux murmure des eaux vives qui sillonnent ces heureuses campagnes : c'eût été fête pour toute la nature Mais l'été est depuis longtemps disparu ; avec l'automne s'est jaunie l'herbe des prés, et le *coup de vent des morts* a balayé les dernières feuilles. Les arbres dressent tristement dans les airs leurs cimes décharnées, et apparaissent, à travers le brouillard, comme des fantômes menaçants au milieu d'une nature frappée de mort. L'homme des champs s'est renfermé dans l'intérieur de ses habitations, avec tout l'attirail de ses richesses, et la vie a disparu de ces sites abandonnés.

Tout est calme encore, à cette heure matinale,

et n'était le chant d'un coq, trompé par la lueur
d'une étoile, on pourrait se croire loin, bien loin
des hommes, dans une sécurité inaltérable sous l'u-
nique regard de Dieu. Un silence solennel plane sur
ces habitations endormies ; le sommeil a fait trêve
aux peines comme aux joies de l'homme ; le repos
prépare le jour qui va renaître pour tous, le jour
avec ses travaux, ses inquiétudes, ses passions, ses
hontes de toutes espèces. Un instant encore, et
l'homme aura revêtu de nouveau ce lourd fardeau de
la vie, qui chaque soir le courbe davantage et le
pousse un peu plus en la nuit éternelle dont cette
nuit est l'image.

Tout à coup une voix argentine vibre au sein des
airs et fait tressaillir les échos de la montagne ; c'est
la cloche du hameau qui annonce l'*angelus* aux laboureurs. L'homme répondra-t-il à cet appel touchant qui, de la nuit, parle à son cœur, et le sollicite au recueillement ? Hélas ! l'homme s'éveille,
mais ses sentiments émoussés, sa pensée entièrement soumise à d'inutiles projets, ne comprennent
plus cette divine harmonie. L'airain sacré attire à
peine quelques fidèles ; les voilà qui s'avancent et
qui déjà franchissent le seuil de l'humble église, dont

la masse sombre et la flèche élancée planent au-dessus des chaumières.

Suivons-les, et pénétrons aussi dans ce saint asile, où le maître des siècles et du monde daigne s'offrir aux hommages des petits et des simples. Une modeste lampe, magnifique don de la pauvreté, brille en l'honneur de celui qui a créé les soleils. Des silences nouveaux semblent augmenter encore le calme profond de la nature, et ajouter à la majesté redoutable du sanctuaire. C'est l'heure et le lieu des plus purs épanchements de l'âme, le moment où la pensée, soustraite aux émotions de la vie sociale, se sent transporter au milieu du monde spirituel habité par les anges de Dieu.

Cependant, trois fois l'airain sacré a retenti dans les airs; tout est préparé pour le solennel sacrifice qui se renouvelle chaque jour en l'honneur du Dieu des chrétiens. Un homme vénérable, revêtu de vêtements antiques, les mains jointes et les yeux humblement baissés, s'avance vers l'autel, d'un pas grave et respectueux. Sur sa figure règnent un calme et une onction qui sont la vivante image de la vertu. Les graves méditations, les sérieuses préoccupations du salut des âmes, la sérénité d'un divin commerce avec le Seigneur se lisent en témoignages non équivoques sur ce ferme et doux visage, qui porte au recueillement. Prosternons-nous sur ce parvis, et, tandis que l'auguste victime s'offre pour le salut des pécheurs, prions pour nous-mêmes pécheurs aussi, et implorons ensuite la clémence du Tout-Puissant, sur tant de nos frères qui vivent loin des devoirs de la religion et des sources de la miséricorde.

Non, il n'a jamais senti en son âme la paix et une joie pure, il n'a jamais entendu retentir dans son sein l'hymne d'une sainte allégresse, l'homme qui le matin n'a jamais assisté au divin sacrifice ; il ne saura jamais comment les devoirs de la vie deviennent faciles et doux, combien l'infortune s'amoindrit et change d'aspect, sous l'influence des grâces divines qui inondent l'âme d'un calme céleste.

A l'exemple de tous les historiens, qui décrivent d'ordinaire avec complaisance les manières et les habitudes de leurs héros, je pourrais m'étendre longuement sur les qualités de l'homme dont je retrace l'histoire ; — car cet ouvrage, je me hâte de le dire, n'est pas une dissertation philosophique ; — mais à quoi bon? Le lecteur me comprendra en deux mots, et pourra juger à son point de vue de la valeur du personnage, si je lui dis sans préambule que c'est un chrétien, et, ne lui en déplaise, un chrétien qui va à la messe.

Il en sortait précisément, et s'en retournait probablement chez lui. C'était un vieillard; il pouvait avoir soixante-dix ans ou un peu plus. Ses vêtements étaient grossiers, quoique propres et décents, et annonçaient un paysan peu aisé; mais ses manières rachetaient ce désavantage: elles avaient ce ton calme et mesuré qui est le propre des vieillards, et elles étaient rehaussées encore par cette dignité simple et cette parfaite bonté que l'on ne trouve nulle part ailleurs que dans l'exercice de la vertu. Il y a aussi une noblesse pour le pauvre : elle est tout entière dans le mérite des obscurs, mais glorieux combats d'une vie pure. Cet homme en portait au front les titres indélébiles.

Il marchait appuyé sur son long bâton de houx, les yeux fixés sur les grains de son rosaire qu'il récitait mentalement. Ses cheveux blancs, légèrement agités par la brise, formaient une couronne autour de sa tête vénérable. La gravité de ses traits, que l'âge n'avait pas déformés, avait, au premier aspect,

quelque chose d'étonnant chez un homme d'une
condition aussi basse ; mais elle s'expliquait suffisamment par la sainte occupation qui charmait, en ce
moment, ses loisirs. La prière ennoblit le cœur,
parce qu'elle est elle-même une noble action et un
grand devoir ; elle chasse les pensées vulgaires, les
préoccupations oiseuses qui affadissent les traits de
l'homme. Les nobles lignes d'un mâle visage, ne se-
ront jamais l'expression des folles dissipations d'un
cœur livré au mal. — Quoiqu'imposante et sérieuse,
la physionomie du vieillard était sereine, et en cette
heure de solitude où elle réflétait les véritables sentiments de son âme, elle ne se ressentait nullement
de la persuasion d'une mort prochaine, que le poids
des ans rendait inévitable. La paix, une douce paix,
se peignait sur ce visage résigné et plein d'espérance
à la fois, illuminé déjà des saintes joies qui ne sont
plus de la terre.

Et cela était naturel.

Pourquoi cet homme, qui avait mis vaillamment
les mains à la manœuvre durant la longue traversée,
ne se croirait-il pas due une part des récompenses
dévolues à ceux qui, au plus fort de l'orage, n'ont
pas désespéré du salut et ont espéré le port ? Que

lui importe maintenant que le port est en vue, et qu'il y va aborder, que la route, çà et là, soit fleurie et embaumée, qu'autrefois même elle ait paru belle à ses yeux éblouis ? Ne sait-il pas, et surabondamment, ce qu'elle couve de ronces sous ses dehors enchanteurs, et combien de fois n'a-t-il pas senti les dards imprévus de la douleur percer sa chair et affliger son âme ! — Non, la vie ne vaut point ces lâches regrets que lui laissent à l'avance tant de pauvres âmes qui en ont mésusé ! — Sans doute la main d'une Providence bénie a pansé ces plaies secrètes qui remplissent la vie intime de l'homme d'une sombre désolation ; sans doute, de nombreux rayons de lumière ont brillé souvent au sein des ténèbres effrayantes, où s'agite confuse, incertaine, non pas innocente du mal, la pensée de l'homme déchu ; mais la consolation suppose la souffrance, et le secours n'est appelé que par le danger. Telle ne peut être, telle n'est pas la destinée éternelle de l'âme. D'ineffables jouissances, des joies inénarrables attendent cette créature née pour la félicité ; foyer d'amour qu'aucune joie humaine, qu'aucune affection terrestre ne sauraient alimenter, d'invincibles aspirations l'entraînent irrésistiblement vers le centre dont elle

1.

émane ; elle aspire à s'y confondre dans un oubli, mais aussi dans un bonheur éternels. Qu'importent après cela les vaines appréhensions d'un changement si redoutable aux faibles et aux coupables, je devrais dire aux seuls impénitents? Quelle terreur tiendra donc devant ce flot de certitude et de sécurité qui emporte l'âme, encore enveloppée des langes de la vie, jusque dans le sein du Dieu de miséricorde? Arrière les craintes indignes, les stériles regrets, les lâches attaches, les fols désirs ! L'espérance, comme un phare radieux, se dresse devant le vieillard aux portes du trépas et illumine la route du ciel.

Voilà la philosophie sublime que ce chrétien allait puiser à la messe! La prière, l'amour du devoir, en avaient posé les bases ; la confiance en Dieu l'avait couronnée. Son chapelet à la main, cet homme était bien plus fort que le philosophe hautain, pesamment armé de ses maximes orgueilleuses et trébuchant sous le poids d'une vertu que la grâce de Dieu n'aide pas à supporter ; bien plus digne d'envie aussi riche que le voluptueux, qui ne trouve au bout de ses inutiles plaisirs que la satiété et le dégoût. Il avait vécu, il est vrai, loin des honneurs du monde, il avait refusé son cœur aux séduisantes délices du siècle, mais plus heureux mille fois d'en avoir ignoré les passions insensées, et les aspirations stériles, et les déceptions douloureuses! Arrivé au terme de sa course et déjà un pied dans la tombe, son regard n'était point tristement attaché sur ce monde qui n'avait pas possédé son cœur; il n'offrait point ce douloureux et pénible spectacle d'un homme qui traîne avec angoisse ses jours sur la terre, ne sachant point vivre après une longue vie, et n'ayant point appris à mourir !

Cependant le jour, retardé par un brouillard intense, commençait à peine à poindre. Au premier coup d'œil la rue semblait encore déserte, mais avec un peu d'attention il eût été facile de distinguer, dans ces demi-ténèbres, un homme qui s'avançait avec rapidité, et probablement à son insu, à la rencontre du vieillard. A voir la vigueur avec laquelle cet individu arpentait le terrain, on aurait jugé d'abord qu'une affaire importante ou tout autre stimulant précipitait sa marche ; et de fait, l'expression de sa figure, si le jour eût permis de la considérer, n'aurait point démenti cette prévision. C'était un voyageur.

Un voyageur se distingue aisément à ses manières et à sa tournure. Il est d'ordinaire sous l'empire d'une préoccupation qui le rend étranger ou au moins assez indifférent à ce qui l'entoure, et qui lui donne une physionomie à part. Son costume aussi a subi quelques modifications. S'il est pauvre, un peu plus de propreté, une mise plus décente annoncent que le personnage est sorti de son train de vie ordinaire ; il a chaussé ses meilleurs souliers, sa blouse bleue est lavée ; il a revêtu son pantalon de drap, à supposer qu'il en ait un ; le noble feutre antique a remplacé le bonnet de coton des jours ouvrables ; enfin il tient à la main un gourdin de chêne ou de houx, arme pacifique qu'il porte pour sa propre satisfaction et en manière de contenance. — Si le voyageur est riche, au contraire, sa mise le sépare tout à fait de la foule : c'est un *monsieur*. Il porte une ample redingote, sa chemise de fine batiste étale complaisamment son jabot plissé sur un gilet de velours rouge ; ses pieds sont soigneusement enveloppés dans des guêtres de coutil à moitié cachées par un pantalon du même, si c'est en été, ou par un chaud elbeuf, si la bise fait tourner au pôle les girouettes des granges environnantes. Le personnage, indépendamment de la préoccupation dont nous avons parlé, a pris un air de dignité en rapport avec son costume et sa position dans le monde. Sa ferme, dont les ardoises reluisent non loin au soleil, et ses soixante arpents de terre le grandissent manifestement au-dessus des passants, et lui donnent le droit de n'ôter point son chapeau. Il y a fort à parier qu'il y tiendra avec scrupule.

L'individu dont j'ai fait mention précédemment semblait tenir de cette heureuse catégorie de mortels privilégiés, car les manières et la coutume que je viens de décrire étaient bien les siennes, ou à peu près. Il y avait dans sa démarché une assurance, dans ses traits une fierté qui témoignaient d'un homme convaincu de son importance. Cependant, pour l'heure, cette disposition était quelque peu tempérée par une préoccupation étrange et inexplicable : c'était la crainte d'être vu. Il marchait rapidement et jetait de droite et de gauche des regards furtifs. Le moment, il est vrai, n'était pas favorable à son incognito. L'homme qui se lève est naturellement curieux et porté aux remarques ; soit qu'en général il n'ait pas à en faire de profondes ou de flatteuses sur lui-même, soit plutôt qu'en ce moment d'humeur placide et de désœuvrement il obéisse avec plus d'abandon à l'innocent désir de s'ingérer

dans les affaires de ses semblables. Il se met volontiers à sa fenêtre ou à sa porte, et malheur au passant dont la mise et les manières ne concordent
pas complétement avec l'idée raisonnable que l'on
peut se faire des manières et de la mise d'un passant.
Tenez pour sûr que, dans ce cas, notre observateur
trouvera matière à se désennuyer. — C'est une ressource que le héros de cette histoire connaissait pour
y avoir maintefois recouru.

Est-ce à dire pour cela que ce grave monsieur
n'était après tout qu'un simple mortel? Peut-être
bien; mais je puis affirmer qu'il s'était plus d'une
fois ennuyé. Je déduis cette opinion du vif désir qu'il
avait de se distraire, désir peu en harmonie avec la
capacité d'amusement dévolue à la pauvre humanité.
Les distractions pourtant ne lui manquaient pas, mais
il en jouissait peu; ne sais quel arrière-goût amer
aigrissait jusqu'au souvenir des plaisirs passés, et
empoisonnait les plaisirs présents. Chose triste à
dire! l'homme pourra être riche, puissant, honoré;
il jouira de cette heureuse tranquillité de conscience
qui connaît peu les scrupules et pas davantage les
remords; aucun plaisir d'ailleurs, — je dis les plus
assaisonnés et les plus piquants — ne sera si loin

placé qu'il n'y puisse atteindre, et pourtant il ne s'amusera pas! Je serais assez porté à conclure de là que l'ennui vient moins de l'absence d'amusement que d'une disposition à ne pouvoir s'amuser. Ajouterai-je que cette malheureuse disposition pourrait bien tenir de la nature de l'homme, lequel n'aurait point été créé précisément pour se divertir? Mais non, je n'ajoute rien : je ne veux pas heurter le sens de tant de gens qui poursuivent avec acharnement le plaisir et la paix, sans pouvoir saisir ni l'un ni l'autre : j'aime mieux croire que ces malheureux sont plutôt victimes de leur maladresse que d'une erreur de principe. Ils ne savent point s'y prendre encore!... Tel est du moins le lénitif qui adoucit leur misère. Cependant que d'exemples anciens et nouveaux, que de recherches, quels travaux pour élucider cette matière! et après tant d'efforts, quelle obscurité toujours! O science! où sont tes triomphes? philosophes, beaux esprits, que deviennent vos promesses?... Jusqu'ici vous avez bien trouvé dans l'homme le désir des jouissances, mais la possibilité de jouir, non. L'humanité baille toujours malgré vos livres. Ce n'est point là son compte, et vous le savez bien ; vos mécomptes personnels vous le disent de reste. Quel-

que chose encore entrave ses plaisirs, l'ennui; une
chose manque à son bonheur, la stabilité. Posez la
main sur son pouls, il bat la fièvre, la fièvre des
jouissances sans limites! Quel fébrifuge inventerez-
vous donc enfin, pour détruire ce mal qui consume
la société dans une agitation éternelle? Creusez donc,
savants, établissez enfin sur le roc, si possible, cet
Eldorado tant promis et jamais livré, Éden fortuné où
l'homme jouira d'un bonheur sans trouble, fruit tardif, quoique immanquable, de la diffusion des lumières et du perfectionnement indéfini de l'intelligence humaine! Jusque-là, la félicité de l'homme,
voire de l'homme puissant, est chose douteuse, témoin
l'ennui; et cette belle médaille a un revers. Question épineuse, je l'avoue, extrêmement épineuse;
mais quoi! quelque chose est-il impossible à cette
science souveraine qui doit un jour refondre l'humanité dans un moule nouveau?...

Je disais donc que l'homme est essentiellement
curieux en général, et particulièrement le matin.
Notre voyageur ne l'ignorait pas; aussi était-il peu
rassuré sur la discrétion plus que problématique des
portes closes et des volets fermés. Ne pouvaient-ils
pas s'ouvrir à l'improviste et donner vue à une fi-

gure ennuyée, dont il eût eu à subir l'inspection complète et les remarques désobligeantes. Cette grave éventualité avait bouleversé toute l'économie de sa dignité, et sa physionomie en désarroi n'exprimait plus que le désir impatient de sortir au plus tôt d'une situation si pleine de périls. Malheureusement il était obèse, et ses jambes se prêtaient peu à une course prolongée ; joint que le mauvais état du chemin accroissait encore la difficulté de sa marche. Déjà sa poitrine oppressée ne respirait plus qu'avec des efforts convulsifs, et, bien qu'il fît froid, la sueur ruisselait en gouttes nombreuses le long de ses joues pourpres.

Cependant, en dépit des craintes et des obstacles conjurés contre lui, il avait pu traverser heureusement la plus grande partie du village ; encore un effort, et il était sauvé ! Il marche, il marche. Ses jarrets engourdis reprennent un instant leur vigueur, et ses pas se précipitent avec une rapidité que stimule l'espoir du triomphe. Et de fait, c'en est un, car le voilà bientôt sur le grand chemin, sans portes ni fenêtres à droite ou à gauche. Restent quelques maisons cependant et l'église ; mais les maisons sont muettes comme partout, et l'église n'a, dans la se-

maine, que trois ou quatre habitués caducs, ordinai-
rement peu matinals. Réflexion faite, il lui parut que
le danger était passé; il poussa alors un profond
soupir de soulagement, huma avec force l'air pur
du matin, et sa figure se distendit pour prendre une
expression plus digne..

Mais c'était un de ces calmes sinistres, avant-cou-
reurs de l'orage. Le pauvre homme y touchait.

Il avait fait une pause pour s'essuyer le front et il
reprenait sa marche avec une pleine sécurité, faisant
le moulinet avec sa canne, et sifflant l'air des *Trois*
journées, lorsque tout à coup il s'arrête inquiet. Il
plonge avec anxiété son regard devant lui : mais il
avait la vue basse, il ne voit rien; il prête l'oreille...
il n'y avait pas à s'y tromper, c'était bien un bruit
de pas, mais un bruit tellement rapproché que le
péril devenait imminent. Éperdu, il jette un regard
désespéré sur sa gauche ; aussi loin que sa vue pouvait s'étendre, une longue file de maisons contiguës
lui barrait le passage ; il tire à droite, avec l'espoir
de se dérober dans l'angle d'une porte cochère, mais
les aboiements réitérés d'un dogue le rejettent sur la
route. Que faire? Retourner? c'était retomber dans
les dangers effrayants auxquels il venait à peine

d'échapper. De guerre lasse, le pauvre homme résolut d'aborder hardiment la position. Il se hasarda alors à jeter un regard timide d'abord, puis plus assuré sur le survenant Il partit d'un éclat de rire. Toutefois c'était ce rire interne qui a diverses significations, mais qui, dans le cas actuel, témoignait évidemment que le rieur se trouvait bien sot de s'être épouvanté pour si peu. Et de fait, il changea subitement d'idée, et au lieu de continuer sa route, il se planta carrément en face du vieillard.

— Hé bien ! Jean, s'écria-t-il, comment va, ce matin ? Le bon Dieu comble toujours tes vœux, je suppose ?

Cette question paraissait bienveillante, mais elle n'était qu'ironique.

— Je n'ai pas a me plaindre, monsieur Kobe (1), dit simplement le vieillard ; mes espérances sont modestes et peu nombreuses, et mon bonheur n'est pas attaché à leur réalisation.

— J'entends, tu vis toujours stoïquement de privations. Un peu de bon sens pourtant, mon vieux, te ferait sentir que la messe ne t'a que peu ou point servi jusqu'ici.

(1) Jacques.

— Mes vœux sont d'autre nature que les vôtres, Monsieur ; quoi de plus simple que la Providence ne m'ait point accordé ce que je ne lui demande point?

— Hum! la réponse est un peu fière, mais est-elle véridique? Tu n'es pas, que je ne sache, d'une espèce autre que le commun des hommes; pourquoi serais-tu insensible aux avantages que les hommes louent et estiment?

— Tout n'est pas louable, en ce monde, ni estimable, Baës (2) ; il pourrait bien y avoir un choix à faire.

Ce brusque changement de titre déplut à M. Kobe. La qualité de *monsieur* était une de ses jouissances exquises qui le mettaient toujours en belle humeur ; aussi avait-elle, en cette circonstance, considérablement modifié ses intentions, et peut-être l'eût-elle porté à traiter avec mansuétude cet homme dont il avait à se plaindre, sans l'oubli injurieux qui le rappelait tout à coup à ses chagrins; car il n'en manquait pas, et l'un des principaux était que ses amis, ses inférieurs et jusqu'à ses domestiques, persistaient, par une sotte coutume usitée dans les Flandres, à l'appeler simplement *Baës*. Quelques efforts qu'eût

(1) Maître.

fait M. Kobe pour modifier en ce point l'esprit popu-
laire, il n'avait point réussi. C'était une huile qui
surnageait obstinément, et qui l'empêchait de boire
à même dans la coupe enivrante de la vanité. Or, sa
fortune, surtout qu'elle s'arrondissait de jour en
jour, lui méritait plus de respect, et Jean ne pouvait
l'ignorer. Cette double conviction ramena M. Kobe
à ses idées premières, et influa sur le caractère ma-
licieux de sa réplique.

— Ton choix me paraît terriblement restreint,
dit-il; et, soit dit en passant, il ne me prouve pas
que ta religion ait une idée bien nette du bonheur
dont l'homme peut jouir en ce monde. Mais enfin,
quel qu'il soit, je ne suppose pas qu'il se soit borné
à ta position actuelle : ce serait vraiment une stupi-
dité par trop bizarre; tu as dû diriger tes *bonnes
œuvres* en vue de l'amélioration de ta condition sociale. D'où vient cependant que ta fortune soit restée
chétive? Serait-ce par hasard que tes prières et tes
génuflexions auraient été d'inutiles et ridicules mo-
meries?...

— Elles l'eussent été, en effet, Monsieur, si je
m'étais bercé, à cause d'elles, des espérances que
vous me prêtez gratuitement.

— Ne le disais-je pas, que ta religion proscrit jusqu'au désir du bien être matériel !...

— Non pas, Monsieur, s'il vous plaît. Elle met en première ligne les jouissances de l'âme et les divines consolations de la vertu ; les avantages de la vie viennent après. Elle apprend à en bien user, quand on les possède, et à s'en passer, lorsqu'on n'en est pas favorisé. Un chrétien peut n'être pas riche ni considéré dans le monde, mais il peut être bon, charitable, humble, sobre et craignant Dieu ; cela rétablit l'équilibre, et console d'une fortune qui n'augmenterait pas ce riche lot.

— Ce n'est pas répondre, dit M. Kobe, un peu interloqué. Ta doctrine permet-elle, ou ne permet-elle pas, de désirer les biens de ce monde ?

— Elle le permet, Baës ; mais je le répète, elle enseigne une chose bien supérieure à cela.

— Quelle ?

— L'indifférence de ces biens, Baës.

— Tu pourrais bien dire Monsieur. A t'en croire, il serait donc peu important de réussir dans le monde ?

— Très-peu, Monsieur. L'homme demande souvent plus qu'il ne mérite et qu'il n'a besoin. La fortune serait souvent l'occasion de sa perte ; la Providence, avec une juste mesure, lui distribue les grâces qu'elle juge convenir à sa faiblesse. Le chrétien sait cela et s'y repose. Avouez, Monsieur, que c'est un gage bien précieux de bonheur, et à la fois de sécurité, que la persuasion que celui qui gouverne les mondes et dore nos moissons, daigne aussi s'occuper de notre chétive destinée, et s'en occuper avec cette plénitude de sagesse et cette miséricordieuse bonté qui président à ses desseins. Cela coupe la racine à bien des craintes, et du même coup débarrasse l'esprit et le cœur de beaucoup de désirs parasites.

— Voilà certainement une doctrine que j'admire, dit M. Kobe, avec une ironie qui visait à cacher son embarras ; mais il faut avouer pourtant qu'elle ne t'a point rendu fort riche.

— C'est la vérité, Monsieur, mais le bonheur d'un homme se mesure-t-il au nombre de ses écus ?

— Oui, je sais ; tu vas me dire que le bonheur n'est pas dans la fortune : mais c'est une vérité un peu surannée, mon vieux ; crois-tu qu'elle ne s'est pas quelque peu usée à courir le monde ?

— Hélas ! pas plus que la folie de l'homme, car elle en est le correctif. Il y a six mille ans que l'homme est fou ; il ne l'est pas moins de nos jours qu'autrefois. Pourquoi serait-il ridicule de lui rappeler la cause de sa démence, lorsqu'il a sans cesse à se refaire, et alors que l'expérience de ses devanciers lui est comme non-avenue ?

— Serais-tu par hasard assez stupide pour croire que moi, par exemple, je ne suis pas heureux ?

— Il se pourrait en effet. Je m'imagine que vous pourriez bien vous faire illusion en ce point. Il n'y a pas qu'une espèce de bonheur.

— Je ne suis pas heureux, moi ? s'écria M. Kobe stupéfait. Hé ! malheureux, est-ce que je n'ai pas la ferme la plus considérable du village ?

— Sans contredit.

— Est-ce que mes écuries et mes étables ne contiennent pas les plus superbes bestiaux de la contrée ?

— On le dit.

— Mes blés ne se vendent-ils pas au plus haut prix ? mon argent alimente-t-il, oui ou non, la caisse du banquier de la ville ?

— C'est le bruit public.

— Me manque-t-il quelque chose, le boire, l'habit, le couvert ?

— Vous avez tout cela à satiété.

— Ne suis-je pas maire de ma commune?

— Je ne puis le nier.

— L'opinion publique ne m'est-elle pas favorable?

— Beaucoup de gens vous admirent, Baës.

— Tout le monde, mon vieux, même toi.

— Ah! vous pouvez croire tout ce qu'il vous plaira.

— Hé bien! tous ces avantages sont-ils ou ne sont-ils pas le partage d'un homme heureux?

— Que ces choses soient des avantages, je l'avoue; mais qu'elles soient par elles-mêmes la félicité, non. Ce sont au plus des instruments, et des instruments parfois médiocrement avantageux pour le bonheur.

— Lorsqu'on est inhabile, sans doute; mais ce n'est pas là mon fait. Tu conviendras pour le moins d'une chose : c'est que j'ai de l'esprit, et que je peux en user pour ma plus grande satisfaction, grâce aux avantages dont je dispose, crois-tu qu'il ne pourrait y avoir là les éléments d'un bonheur assez rare en ce bas monde?

— Ah! il se peut bien que ce soit, en effet, votre opinion.

— Nous voilà donc d'accord; car pourvu que je me croie heureux, que m'importe ta manière de

2

voir? elle ne détruit pas ce que je suis en moi-même. Maintenant, à qui crois-tu que je doive cette heureuse situation ?

— A Dieu, Monsieur, qui s'est plu à vous avertir, d'une manière plus spéciale, que vous devez l'honorer et le servir.

— Hein? plaît-il? rétorqua M. Kobe, au comble de la surprise; tu dis que...

— Que Dieu vous fait sentir ses bienfaits pour vous porter à la reconnaissance.

— Oui, c'est bien cela, Dieu tout et l'homme rien, s'écria M. Kobe, se prenant lui-même à témoin de son indignation; rien, qu'un idiot qu'une Providence, ne sais quelle, mène par le nez ! Mais, vieux sot, je n'ai donc rien fait, moi, pour mériter cette félicité dont je jouis? Mes champs bien labourés, bien fumés; mes domestiques toujours heureusement choisis et soumis à une surveillance incessante; des améliorations fructueuses habilement introduites dans mon système de culture; l'argent exactement mis à point et centuplé par un habile emploi; tout cela ne prouve donc rien, ne t'explique pas suffisamment l'origine et la légitimité de mon bonheur?

— Tout cela ne prouve pas que Dieu ne vous a

pas comblé, Monsieur, et ne démontre pas davantage une habileté supérieure. La Providence, par des raisons qu'il vous serait peut-être utile d'approfondir, s'est plu à multiplier autour de vous les éléments de cette prospérité dont vous êtes fier ; vous avez su les saisir, il est vrai, mais c'est un mérite vulgaire que le premier venu, n'obéissant qu'au désir peu noble d'amasser et de jouir, eût acquis aussi bien que vous. Et d'ailleurs, le mérite du succès se mesure-t-il à la puissance des moyens qui l'ont produit? Combien d'hommes, dans une position obscure, nécessiteuse, ont su, et souvent toujours, déployer une énergie, des talents, une constance digne de l'admiration du monde, si le monde savait admirer autre chose que le clinquant et la puissance? Leur mérite est-il moins grand parce que les moyens de réussir leur ont manqué, et parce que leurs efforts sont restés inconnus? Savez-vous ce qu'a dû user de patience, d'habileté, d'ingénieuses industries, cet homme qui lutte vaillamment contre la pauvreté, sans espoir de la vaincre jamais, et qui, au sein de la détresse et des privations, ne s'abandonne pas et compte toujours en lui-même et en Dieu? Savez-vous ce qu'a montré de courage, de grandeur d'âme, ce chrétien généreux, qui, dans une position modeste, menacée peut-être, marche inébranlablement à son devoir, calme et serein, malgré la haine et le mépris des sots? La vie, Monsieur, est un champ de bataille où les combats ne sont pas seulement glorieux lorsqu'ils sont apparents. Le soldat qui triomphe obscurément dans la foule, n'expose pas moins sa vie, n'est pas moins digne d'éloges que le capitaine qui a l'heureuse chance de vaincre à la tête d'un bataillon, et seulement parce qu'il est capitaine. La différence de mérite, si elle pouvait exister, consisterait dans le mobile du courage et dans l'usage de la victoire. J'ajouterai que ce mérite, si éminent et si pur qu'il soit d'ailleurs pour l'un et pour l'autre, n'emporte pas seul l'honneur du succès. Au-dessus des combattants planent l'autorité et la gloire d'un chef qui a pris les dispositions du combat et à qui revient principalement l'hommage du triomphe. Dans la bataille de la vie, le chef est Dieu. Toute gloire humaine s'efface et disparaît devant la sagesse de cette Providence, qui règle les destinées de l'homme, qui préside à ses combats et qui prépare ses triomphes.

Pendant que le vieillard débitait cette audacieuse sortie, le Baës le regardait la bouche béante, les yeux démesurément ouverts, dans cet ébahissement du lourdeau, occupé à considérer sur la place publique un bateleur qui discourt de choses tellement extraordinaires qu'on n'en a jamais ouï de semblables. Un tel excès d'insolence dépassait, à l'estime de M. Kobe, l'extrême limite du possible, et ainsi s'explique l'état de contemplation extatique qui ne lui permit pas d'interrompre cet incroyable discours. Lorsque Jean eut terminé, M. Kobe respira profondément, comme un homme qui est enfin délivré d'un songe horrible, et il tâcha de recueillir ses idées. Elles étaient dans un tumulte inexprimable. Sa dignité blessée, le dépit, l'indignation, une sourde rage travaillaient puissamment son esprit et menaçaient de faire une explosion terrible. Mais un retour sur lui-même le ramena à des sentiments plus pacifiques. Quelle apparence y avait-il, en effet, que lui homme riche, puissant, honoré, eût tort, tandis que ce manant aurait raison? Cette hypothèse était vraiment absurde, et le digne fermier n'eut point de peine à s'en convaincre. L'excès de la folie avait pu seule dicter ce langage; le vieillard était fou, le fait ne pouvait être mis en doute. Or, on ne se venge pas d'un fou, on s'en amuse parfois, lorsque surtout une question intéressante se rattache

2.

à l'origine de sa démence, et c'était précisément le
cas. Cet homme offrait un remarquable exemple de
l'aberration d'esprit où peut conduire le fanatisme
des idées religieuses. L'occasion s'offrait d'elle-même
d'étudier à fond un phénomène psychologique si intéressant, et M. Kobe, autant pour sa propre satisfaction
que dans l'espoir d'en tirer un argument solide
contre les dévots, résolut de ne la point négliger. Il
risquait, il est vrai, de recevoir plus d'une égrati-
gnure, témoin l'étrange discours dont il était à peine
remis; mais quel est le savant qui ne s'est jamais dé-
voué pour la science?

—J'admire fort ta doctrine, dit-il ironiquement;
mais je dois t'avouer pourtant que j'y vois peu de po-
sitif; et tu me permettras de maintenir les prémisses
que j'ai posées d'abord, et qui sont restées debout.
Je suis riche, et tu es pauvre; tandis que tu vis chi-
chement, en proie au besoin, sombre, morose et har-
gneux, je nage dans l'abondance et goûte les douceurs
de la vie.

—Vous vous imaginez, en effet, que le malheur
doit être là où n'est pas la fortune. Quelle erreur est
la vôtre, Monsieur! Qu'avez-vous de plus que moi
sur la terre? Un peu d'or, voilà tout. Là se réduit

votre avantage, mais il est chétif, comme vous l'allez voir, et pour le reste, je n'ai rien à vous envier. Est-ce que je ne jouis pas comme vous de la vie ? L'existence m'est-elle moins précieuse, à moi, parce qu'elle n'est pas entourée des jouissances du luxe, ni des honneurs de la fortune ? Non, car on en jouit indépendamment de la richesse ; c'est un chant qui retentit au dedans de nous, et qui a quelque chose de réjouissant par lui-même. Je me sens vivre, voilà un bonheur plus grand que tout ce que vous pourriez imaginer sur la terre de jouissances et de plaisirs. Vous me direz peut-être que ma vie est bien malheureuse, comparée à tant d'autres qui sont brillantes et comblées des faveurs de la fortune ? Mais ne pourrais-je pas vous retourner l'objection, et vous demander pourquoi vous vous croyez heureux, à côté de beaucoup d'autres conditions plus élevées et plus honorées que la vôtre ? Seriez-vous, en effet, malheureux parce que d'autres sont plus riches que vous, plus puissants, parce que vous ne possédez pas tous les éléments du bonheur, tel que le monde l'estime ? Non, vous vous contentez de votre lot, ou du moins vous tâchez d'y trouver le bonheur, et vous vous vantez même de le posséder. Pourquoi n'en serait-il pas de même pour moi ? Le pauvre, lui aussi, Monsieur, se fait à sa condition, absolument comme le petit bourgeois, commme le riche marchand, comme le grand seigneur ; il en vient facilement à oublier que d'autres sont plus brillantes, et il rentre dès lors dans la règle commune à tous les hommes : il a ses peines, mais il a ses joies aussi ; joies plus vives, et c'est en ce point, à mon sens, que sa condition est digne d'envie, parce que, ayant moins de jouissances, il ressent mieux celles qui lui restent. Notre gaieté à nous autres pauvres gens est plus bruyante, plus expansive que celle du riche ; c'est qu'en réalité nous sommes plus gais. Et cela se conçoit : nous avons moins de besoins, moins de soucis de tout genre, parce que notre bonheur s'étend sur moins d'objets. Le riche a mille soins d'opulence, de vanité, d'ambition ; son bonheur s'éparpille sur une foule de choses qui lui échappent souvent; la conservation ou l'augmentation de sa fortune est pour lui une source éternelle d'inquiétude. Que le sort du pauvre est différent ! Toute sa sollicitude se borne au soin de son existence matérielle, au pain de chaque jour, et Dieu le donne. Le riche cherche le bonheur dans les jouissances raffinées fort difficiles à atteindre et plus difficiles à conserver ; le pauvre,

lui, avec un cœur plus simple et un désir plus sobre,
le trouve dans des choses moins sujettes aux coups
de la fortune. Ajoutez, Monsieur, que Dieu qui est
juste, verse dans le cœur du pauvre la résignation ;
on s'habitue à ses maux , et par conséquent on les
sent moins. Vous n'en sauriez dire autant du riche,
qui ressent d'autant plus cruellement les peines de la
vie, qu'elles l'atteignent plus rarement, et qu'il y est
moins préparé. C'est ainsi que la Providence sait éta-
blir les compensations. Nul sur la terre ne peut se
dire trop heureux ni trop malheureux ; le bonheur
n'est sans mélange nulle part, ni le malheur non
plus ; chaque condition a ses joies spéciales et ses
peines aussi. Plus je mets ces deux choses en balance,
la pauvreté et la richesse, moins je me persuade que
l'une est meilleure que l'autre, et si j'avais un choix
à faire, ce ne serait peut-être pas pour le côté que
vous estimez.

—Ha ! ha ! ton dédain, mon cher, pourrait bien
ressembler un peu à celui du renard de la fable ?

—En fût-il ainsi, que ce serait encore sagesse.
Mais la persuasion que le bonheur n'est ni dans la
richesse, ni dans la puissance, n'est rien moins que
du dépit : c'est une vérité que la foi et l'expérience

enseignent également au chrétien. Cela passe et est accompagné de soucis et de mécomptes qui ne sont pas précisément le bonheur. J'estime peu une félicité que mille causes peuvent ébranler : les maladies, les pertes, les passions trop vives, l'ennui enfin.

— Prétends-tu donc que je m'ennuie? ne me vois-tu pas toujours gai et content?

— Cette gaieté folle n'est point le bonheur; ce n'est souvent qu'une espèce de rage qui pousse l'homme à se croire heureux pour se faire illusion à lui-même, légitimer ses théories et satisfaire ses passions. Le vrai bonheur n'est pas si bruyant, il n'a pas besoin d'efforts pour se produire et ne se cherche point. Il naît naturellement d'une heureuse situation morale où l'homme a eu la sagesse de se placer. Le bonheur est un feu follet : dès qu'on le poursuit, il fuit.

— Selon toi, il faudrait donc attendre qu'il nous prenne au collet et vienne nous dire : tu es heureux, jouis?

— A peu près, car la poursuite du bonheur est une illusion. Nous n'avons pas de biens réels et positifs ; le bonheur ne nous est sensible que par la délivrance du mal. C'est une halte au milieu des douleurs inséparables de la vie, et une halte prévue par la divine providence, inconnue de l'homme à l'avance. Jouissez-en donc, quand il plaît à Dieu de vous la faire goûter : mais ne tombez pas dans la chimère de la rendre permanente. Tout au plus pouvez-vous prévoir le bonheur et l'espérer avec justice, comme la récompense et la suite naturelle de longs efforts faits dans un but de devoir ; mais par là-même qu'il est précédé de peines et entremêlé de douleurs ou actuelles ou probables, il n'est pas cet idéal que les fils du siècle bâtissent assez légèrement, sans toutefois le voir se réaliser.

— Tu ne crois donc pas au bonheur ?

— Plus que vous, peut-être, mais d'une autre manière. Ces peines que je vous signale, et que vous connaissez aussi bien que moi, parce que vous êtes homme et pécheur, peuvent être aussi des jouissances ; pour le chrétien elles sont méritoires et emportent une consolation bien supérieure aux joies humaines qu'elles ont détruites. Je vous disais tout à l'heure que le bonheur est versatile ; sous le point de vue où le chrétien se place, il devient permanent, car l'espérance et ses joies ineffables ne faillissent jamais à l'âme qui a su se maintenir dans la pratique de ses devoirs.

—Et quels sont ces devoirs?

—Ceux de la loi de Dieu : tout est là. Dieu est bonheur ; de son sein découlent les vraies et pures délices. La communication intime de l'âme avec Dieu par la vertu fait la félicité ; félicité d'autant plus grande que nos mérites, c'est-à-dire notre fidélité à la loi, nous attirent plus de grâces. Ces grâces, on ne les obtient pas sans efforts, on ne les conserve point sans sacrifices. Voilà l'objet d'une lutte sublime, vraiment digne de l'ambition des âmes grandes et nobles, de cette lutte que le chrétien met au-dessus de la poursuite des biens de la terre. Ce combat est parfois douloureux, il est vrai, mais il est dans l'ordre des desseins de Dieu qui ne fonde la paix que sur le sacrifice. Il est donc toujours un véritable bonheur sur la terre, vous le trouverez dans la voie de la croix : c'est le chemin royal qui conduit aux faveurs.

—As-tu donc été heureux, demanda M. Kobe, avec un accent où commençait à percer un dépit mal contenu.

— Autant qu'homme peut l'être, c'est-à-dire dans une mesure que la chute a beaucoup rétrécie et que mes fautes, hélas ! ont encore notablement diminuée. Dieu m'a châtié, il n'a fait sentir l'aiguillon de la pauvreté et

les horreurs de la détresse ; mes jours ont été quelquefois funestes et j'ai vu la douleur visiter les miens ;
mais plus douce étoit la consolation que l'espérance
présentait à mon cœur désolé. Aujourd'hui même de
tous mes souvenirs, ceux-là ne sont ni les plus amers,
ni les moins consolants. L'infortune humblement ac-
ceptée et courageusement soufferte est une semence de
joie et un gage de bonheur même sur la terre ; elle
fait naître sur les pas de l'homme ces douces fleurs de
la pénitence dont le parfum est un avant-goût du ciel
et une odeur délectable qui embaume le soir de la vie.

Depuis longtemps Mathurin avait cessé de parler et
M. Kobe demeurait plongé dans des réflexions douloureuses et agitées. C'est qu'au fond cette conversation
devenait dangereuse à un point de vue que notre
héros n'avait pas saisi d'abord. Le suave parfum de
vertu et de bonheur qui s'exhalait des paroles du
vieillard n'avait pas laissé de le troubler et de le
porter involontairement à une comparaison dont l'a-
vantage n'était pas à son profit. De ce résultat pratique aux principes d'où il dérivait, il n'y avait qu'un
pas, et l'imagination du Baës le franchit rapidement.
La comparaison alors prit quelque chose de plus précis ; les principes se dessinèrent nettement à ses yeux ;

dans l'ordre d'idées et de faits qui leur était propre, et une lumière éclatante sembla traverser son esprit. Mais ce n'était qu'un jour importun. Pour quiconque en effet, tient à ses plaisirs et à ses aises, au moins autant qu'à la vérité, — d'aucuns diraient plus, — on conçoit que ce réveil est fort désobligeant, et que la perplexité qu'il fait naître n'est pas extrêmement agréable. Il y a un moment de crise. L'âme prise de scrupules soudains, regimbe dans le for intérieur contre l'impiété qui n'y est pas fière. Il faut à celle-ci les jouissances des sens, de grands vices et de formidables prévarications, un soin constant d'écarter toute vérité des abords de l'âme, une sorte de cordon sanitaire qui maintienne au loin la contagion de la vertu, tous moyens merveilleusement propres à paralyser la résistance de l'âme et à l'anéantir à la fin ; alors elle triomphe et domine en souveraine. Mais que pour une cause ou pour une autre la vérité passe à travers une fissure ignorée ou mal entretenue un instant, et qu'après cela elle appelle cette maîtresse d'erreur et de corruption, l'impiété, sur le terrain d'une lutte spirituelle ; oh ! alors les choses changent de face. Ni la passion n'est assez puissante, ni le sophisme assez établi pour opposer une digue efficace au torrent vengeur qui emporte après soi tout cet échafaudage de maximes véreuses et de principes boiteux. Mais quoi! un acte de la volonté, de cette volonté asservie à d'infâmes plaisirs, vient au secours de la passion en désarroi et débarrasse le terrain : l'orgueil reparle éloquemment, la corruption surnage de nouveau, les ténèbres se reforment et la paix se rétablit, une paix toute en faveur des vices que l'homme ne veut point perdre !.... Sobriété, chasteté, humilité, modération, vertus absurdes, censeurs importuns, qui troublent impertinemment l'âme en train de la vie ; censeurs réprouvés et dignes de réprobation !... Telle était la série de sentiments, ou plutôt de sensations que M. Kobe avait ressenties en moins de temps que je n'en ai mis à les exposer. Une sourde colère, mal contenue depuis longtemps, domina enfin la curiosité malencontreuse qui l'avait porté à provoquer cet orage, et il reprit avec impatience :

—Ta doctrine, vieillard, me semble assez obscure. Si tu as raison, il s'en suit évidemment que j'ai tort. Mais, si j'ai tort, d'où vient que ton Dieu m'a constamment favorisé ? Je ne dois point avoir mérité ses faveurs?

—Il est deux manières d'envisager la prospérité,

Monsieur : ou comme récompense, ou comme châtiment. Il est très-vrai que Dieu comble quelquefois
ceux qu'il aime de faveurs et de gloire ; il se plaît à
embellir leur existence de tous les dons de la fortune ;
il les offre comme un exemple à l'émulation des
hommes, et déchire à cause d'eux un morceau du
voile qui nous dérobe la Providence. Mais il n'est
pas moins vrai qu'il condamne aussi le méchant sur
la terre à cette prospérité funeste, dont les illusions
menteuses deviennent la cause de sa ruine. Dieu a
pris soin de le dire dans un livre que sans doute vous
ne lisez pas, parce que votre impiété en redoute les
anathèmes. Voici la parole terrible que lance le Pro-
phète, de ces hauteurs sublimes où Dieu lui révèle les
destinées des hommes ; elle fut toujours présente à
mon esprit, et si quelquefois aussi l'ambition est entrée dans mon cœur, si ma foi a chancelé souvent
devant la prospérité insolente de l'impie, cette parole
m'a averti et consolé : « Il est très-vrai, ô Dieu ! s'écrie
le Psalmiste, que cette prospérité où vous avez établi
les méchants leur est devenue un piége, et vous les
avez *renversés* dans le temps même qu'ils s'élevaient. »
Vérité épouvantable, Monsieur, et qu'il faut traduire
de cette manière : La fortune, dans certains cas, peut

être une malédiction, et la prospérité un châtiment.

— Tu deviens de plus en plus énigmatique.

— Je crois cependant que vous me comprenez, Monsieur, si j'en juge par le courroux qui brille dans vos regards. Oui, Monsieur, cette prospérité doit vous faire trembler, car elle peut annoncer un châtiment d'autant plus redoutable qu'il est ajourné. Malheur à ceux qui ont prévariqué au point de pouvoir jouir jusqu'au bout de la volupté de leurs plaisirs, et à qui il a été donné de voir le triomphe de leurs blasphèmes ! malheur à ceux que Dieu paraît oublier !

— Ainsi tu penses....

— Je ne pense rien, Monsieur, j'énonce une vérité. A vous de rechercher si elle vous est entièrement applicable.

— A la bonne heure ; voilà qui est modeste, au moins ! Mais, écoute, vieux, ajouta M. Kobe avec un accent de haine, tu parles trop et impertinemment ; cela me déplaît. Tu possèdes sur une foule d'imbéciles une influence dont je n'ai pas à me féliciter. Tu te mêles de contrarier mes plans, vieillard ?

— En quoi consistent vos plans, Monsieur ?

— Tu ne les ignores pas ; ils sont de faire disparaître de ce pays les cagots et les hypocrites de ton espèce, ou tout au moins de les réduire à l'impuissance. C'est une honte que les honnêtes gens ne puissent goûter aucun plaisir, pas la moindre distraction, ni même boire à leur soif, qu'ils ne soient censurés ou par toi, ou par ta bande. J'ai longtemps pris patience, mais le vase est plein ; crains qu'il ne déborde. Ne me force pas de m'occuper de ta vieille personne, tu pourrais avoir à t'en repentir. Songe qu'il est parfois dangereux de s'attaquer à plus fort que soi ; et que.....

M. Kobe fut subitement interrompu à cet endroit intéressant de sa péroraison, par un chariot qui s'avançait bruyamment dans le lointain, et qui, malheureusement, offrait un autre inconvénient que celui de couvrir ses paroles. Ce vulgaire incident, le rappelant aux dangers de sa position, le fit descendre soudain des hauteurs de son éloquence, et le pauvre homme décampa au plus tôt, chagrin de n'avoir pu cueillir entièrement cette douce fleur de vengeance, dont l'attrait seul avait pu le déterminer à faire une halte aussi dangereuse. Il est vrai qu'il se dédommagea un peu par le regard méprisant dont il gratifia son adversaire en le quittant.

M. Kobe, ou plutôt Baës Kobe van Grodorps, n'était

pas dévot, comme on voit. S'il est par le monde un
certain nombre de gens à l'esprit étroit et au cœur
timoré, qui prennent quelque souci de la nature de
leurs pensées et du mérite de leurs actions, assurément
le digne fermier pouvait être mis du nombre ; et, à vrai
dire, il n'y tenait pas ; car pourvu que ses valets ne le
volassent point et que son notaire ne fît point banque-
route, tout allait bien pour lui dans le meilleur des
mondes possible, puisque d'ailleurs la moisson ne lui
faisait jamais défaut et que les gerbes venaient à
point nommé remplir ses granges et arrondir sa
bourse. Pour ses valets, il avoit soin de les bien
choisir, selon son propre témoignage cité plus haut ;
et quant au banquier, il était tombé sur un million-
naire qui faisait valoir en toute sécurité le fruit de ses
sueurs. Ses affaires allaient donc au mieux, et ce
n'étaient pas les vains scrupules d'une conscience
timorée qui lui eussent fait perdre de vue les
avantages qu'il pouvait retirer de sa fortune. Il en
usait à ses goûts, avec indépendance, comme il sied
à l'homme dont l'esprit supérieur a su se soustraire
au joug humiliant du fanatisme. Sa vie, du reste,
était des plus réglées, et ses habitudes quotidiennes
établies avec un art également éloigné de la parci-

monie et de l'excès : il faisait régulièrement ses quatre repas avec appétit, fumait très-agréablement ses deux hectogrammes de tabac chaque jour ; rendait scrupuleusement visite aux dix-huit cabaretiers de sa bourgade, et se permettait même de s'y rafraîchir ; certaines gens lui attribuaient bien aussi d'autres goûts que ceux du houblon, mais c'étaient les bonnes langues de l'endroit, et nous ne sommes pas tenus d'y ajouter foi. Le soir venu , le Baës faisait sa partie de piquet en compagnie de quelques intimes, ses admirateurs, et trouvait d'ordinaire la chance favorable. C'était surtout en ces moments heureux de gaieté expansive, entre une partie et l'autre, et tout en dégustant en connaisseur la bonne bière des Flandres, qu'il se plaisait à dire son opinion sur la religion et sur les prêtres. M. Kobe le faisait en homme convaincu et avec des idées arrêtées. A l'aide du flambeau de la saine raison, qu'il portait hardiment sur les points obscurs de certaines doctrines , il ne lui était pas malaisé d'en dévoiler l'imposture, et de mettre dans son vrai jour l'hypocrisie de leurs apôtres. Il ne faut pas croire qu'il vécût au hasard sans raisonner sa vie, et que les graves problèmes de la destinée humaine n'eussent point occupé son esprit, si pro-

fond et si net, au dire de ses entours, après boire. Oh !
non, il en avait fait une étude spéciale, et il commu-
niquait volontiers à ses adeptes les solutions inatta-
quables qu'il devait à ses graves et patientes méditations. C'est ainsi qu'il avait plus d'une fois établi,
d'une manière irréfutable, que la destinée de l'homme
est absolument telle qu'il sait se l'arranger à lui-même,
plus ou moins brillante, selon le degré d'habileté qu'il
a déployé dans la conduite de ses affaires. Il faut dire
cependant que ses théories ne laissaient pas, parfois,
de soulever quelques doutes, et d'éveiller certains scrupules, — il y a partout des esprits portés à la contra-
diction , spécialement parmi ceux qui n'ont point
réussi,— mais pour ces rares occasions, il tenait en
réserve un argument sans réplique : n'était-il pas le
modèle vivant offert à l'émulation de quiconque aurait
assez d'esprit et de hardiesse à la fois, pour secouer
le joug des préjugés surannés ? Pouvait-on bonnement
douter de l'efficacité d'une doctrine qui l'avait fait ce
qu'il était, — et ce n'était pas peu dire,— qui avait
produit un si rare exemple de prospérité physique et
morale?.... Aussi, son éloquence, élucidée par cette
démonstration lumineuse, obtenait-elle des résultats
étonnants..... A la fin de cette laborieuse et utile jour-

née, le père Kobe se couchait sans dire ses prières,
et il dormait d'un profond sommeil. Le lendemain
était une exacte répétition de la veille.

Sa vie se passait ainsi, douce et honorée, exempte
de soucis, souriante comme un beau jour.

Hé! qu'aurait-il eu à désirer, le père Kobe? Il
était riche; chacun reconnaissait ses écus et le saluait
lorsqu'il passait; son esprit, placé à cinq pour cent et
quelquefois à six, s'accroissait annuellement d'une
manière remarquable, et il avait la douce persuasion
que le public ne l'ignorait pas; l'opinion lui était favorable, et il jouissait de l'estime universelle; maire
de sa commune, il était l'oracle du conseil municipal
qu'il avait entraîné tout entier au cabaret et banni de
l'église; son corps robuste et bien constitué pouvait
supporter par jour ses trente pintes de bière et son
demi-litre de genièvre; il avait sur certaines créatures..... mais à quoi bon continuer une énumération
que l'imagination du lecteur achèvera aisément; il
avait toutes les jouissances qu'un homme riche et
point dévot peut, dans ce siècle de liberté grande, se
procurer sans scrupule comme sans déshonneur. Et
remarquez que ses goûts étant simples, ses plaisirs
n'étaient ni raffinés ni dispendieux; il les prenait au-

tour de lui, dans le milieu où il vivait, préférant l'abondance à la qualité, aimant, par exemple tout autant un pot de bière qu'un verre de champagne, et réglant le reste à l'avenant. Par là ses habitudes n'altéraient pas sensiblement sa bourse, et il se faisait une vie agréable et pas chère. La fortune filait donc pour lui des jours tissus d'honneurs et de voluptés; je le demande, qu'aurait-il eu a désirer, le père Kobe? Rien en vérité; à moins qu'il n'eût été atteint de ce mal. incurable, inhérent à un assez grand nombre de natures niaises, lequel consiste à penser que la vie doit un jour finir et qu'il y a un autre monde. Pour être véridique, je dois dire que le digne philosophe n'avait pas échappé à la contagion, et que plus d'une fois sa conscience alarmée avait conçu des doutes fort gênants sur la légitimité de ses plaisirs. Mais il avait inventé, à ce propos, différents remèdes, dont l'un des plus efficaces était d'inviter ses amis à dîner et d'oublier ses soucis dans un excès de table. La fréquente répétition de ce spécifique, jointe à d'autres procédés qu'il employait quotidiennement, avait fini par diminuer le nombre des accès et leur violence; en sorte que cette disposition importune, s'était peu à peu transformée en une vague résolution de reporter à la fin de sa vie l'examen de la question, si tant est qu'elle méritât considération ; et comme *il pouvait* bien se faire qu'il ne mourût pas d'une apoplexie foudroyante, d'une fièvre maligne, ou de quelque accident imprévu, il avait tout le temps d'y songer sérieusement. Outre que par cette manière adroite de trancher la difficulté, l'habile homme se débarrassait de beaucoup d'inquiétudes et à la fois de pratiques gênantes, il coupait court encore à une foule de privations qui eussent singulièrement rétréci le cercle de ses jouissances, sans lui valoir d'ailleurs aucune compensation, n'étant pas, lui, de ces natures niaisement spirituelles, qui se contentent des jouissances de la pensée, et des émotions du cœur, et qui se privent avec une joie absurde d'une multitude de bonnes choses que la nature a faites pour l'homme, et singulièrement pour l'homme d'esprit.

Si je voulais en quelques mots exprimer une opinion sur la manière de vivre et sur les principes de notre héros, je pourrais donc dire qu'il ne voyageait pas sans boussole sur la mer du monde, et qu'il voyait distinctement le port où aboutirait son agréable et utile voyage. C'est assurément aussi le jugement que porte le lecteur.

Nous avons laissé ce brave homme tançant d'importance le père Jean, et lui faisant la recommandation que vous savez. Satisfait d'avoir exprimé son opinion et ses vues sur la conduite de son contradicteur, il marchait rapidement, autant que le lui permettaient son obésité et ses soixante-cinq ans sonnés d'hier ; du reste, aussi dispos et aussi parfaitement bien que la veille. Sa demi-pinte d'eau-de-vie, dont il commençait à sentir au cerveau la douce chaleur, animait ses idées et les tournait aux choses riantes.

Il allait, il allait, le nez en l'air, le regard ferme, et du pas délibéré d'un homme qui s'est donné un but précis. Où allait-il cependant? Ah ! il y a dans ce voyage toute une histoire, et quoiqu'elle soit de nature à faire déchoir un peu notre héros du piédestal où il aimait à s'élever, je ne puis néanmoins la dissimuler en cette circonstance. Il faut bien le dire, M. Kobe n'était pas totalement exempt des misères infligées à la pauvre humanité : il avait la goutte, il en souffrait depuis dix ans, sans être parvenu à la guérir. Ce n'est pas que le docteur Van Houth, son conseil et son ami, ne lui eût prêté tous ses soins, et ne l'eût bercé longtemps de l'espoir d'une guérison probable ; mais malgré ces soins, ou peut-être à cause de ces soins,

le mal persistait, et le digne fermier s'était vu réduit
à la triste nécessité de se faire traiter d'une certaine
façon à la ville, à l'insu du docteur, à l'insu de ses
amis aussi, lesquels n'eussent point manqué de narguer sa misère, et d'en faire le texte d'une plaisanterie qui eût égayé longtemps les réunions quelque
peu monotones et souvent ennuyeuses du cabaret.
Certes ce n'est pas lui qui eût affirmé avec Chateaubriand qu'on ouvre les antres des sorciers sitôt qu'on
ferme les temples du Seigneur, mais sans crier la
chose sur les toits, il en usait à petit bruit, avec réserve et non sans une vive appréhension de la publicité, et l'on conçoit de quel raffinement de précautions
il devait entourer, pour réussir, le mystère de ses
voyages. Jusque-là tout avait été bien ou à peu près;
en ce jour tout allait au mieux; aussi était-ce avec
une visible satisfaction, que le bonhomme arpentait
les quelques kilomètres qui le séparaient encore de la
ville.

Mais le contentement d'esprit abstrait quelquefois
l'homme, dans un certain cercle d'idées élevées qui
laissent peu de place à d'autres idées plus simples,
non moins nécessaires. Ainsi M. Kobe, tout entier à
la recette qu'il avait faite la veille, en vendant ses

poulains de l'année, avait oublié, entre autres choses, qu'il avait plu récemment. La route était çà et là semée de larges flaques dont les fondrières, négligées par l'édilité de l'endroit, avaient fait autant de petits fossés, fort pittoresques sans doute, mais dangereux aussi. Un auteur dit quelque part que l'eau est au paysage, ce que les glaces sont à un appartement. Sans avoir précisément fait cette remarque, le père Kobe se trouvait à même de jouir de la chose, mais son esprit, accoutumé aux choses positives, goûtait peu les aspects poétiques : le côté artistique d'un paysage, il faut le dire en toute vérité, ne le touchait pas précisément ; et si quelquefois, par exemple, il admirait le beau spectacle que présentaient ses moutons paissant dans une riche prairie, ce n'était que pour constater la relation intime qu'il y avait entre l'herbe tendre et la graisse probable qui lui vaudrait des écus en automne. Donc, la route lui importait peu ; malheureusement c'était un marais : M. Kobe, préoccupé de ses agréables calculs, ne s'en aperçut pas, et au plus fort de son bonheur; l'un de ses pieds, qu'il mettait machinalement devant l'autre, alla donner en plein dans une mare profonde, et fit jaillir un déluge d'eau trouble sur son pantalon de coutil blanc.

Réveillé par le froid piquant que lui causait l'élément liquide qui se révélait inopinément à lui, il fit, ou plutôt essaya de faire un saut en arrière ; mais, soit que son obésité le rendît trop lourd, soit que, dans ce moment de trouble inévitable, il eût mal calculé son élan, la tentative ne lui réussit point : le pied resté libre, et sur lequel il pouvait à juste titre fonder l'espoir de sa délivrance, manqua à son tour, et, glissant sur une feuille morte, le jeta pitoyablement à la renverse, le dos dans une flaque.

Ce bizarre accident mit le père Kobe de mauvaise humeur. Pourquoi la route était-elle mal entretenue, pourquoi lui aussi, Kobe, avait-il été assez peu circonspect pour ne s'en apercevoir point ? Ce fut sa première réflexion ; la seconde, lorsqu'il parvint à se mettre sur ses jambes, ne fut pas plus agréable. Son premier soin, on le devine bien, avait été de jeter un regard curieux sur l'état de sa toilette ; il en fut épouvanté : en effet, le mal était profond, irréparable ! Sa belle redingote marron, qu'il ne mettait qu'aux grands jours, — par exemple lorsque, sous prétexte de voir le marché, il allait faire un excellent dîner gras, le vendredi, à l'hôtel le mieux famé de la ville voisine, — ne présentait plus de traces de sa couleur

primitive ; le liquide dévastateur avait étendu ses ra-
vages sur toute la partie postérieure, puis de là, re-
jaillissant par pression en jets innombrables , il avait
franchi d'assaut le collet de velours et fait une irrup-
tion desastreuse sur la face antérieure , sillonnant en
outre de traces fort apparentes la chemise et le jabot
plissés qui décoraient la large poitrine de notre héros.
Le pantalon n'était pas mieux traité, ou pis encore :
l'eau, pénétrant par les poches qu'elle avait remplies
jusqu'à l'ouverture , s'était mise à filtrer le long des
jambes du patient, et avait enfin trouvé un réservoir
au fond de ses bottes. Cependant, malheur trois fois
irréparable ! la belle pipe d'ivoire qui faisait depuis
dix ans l'orgueil du père Kobe et le désespoir de ses
envieux, gisait brisée en trois morceaux ! ...

La conviction de ses différents désastres accrut
d'autant la mauvaise humeur du pauvre homme ; sa
gaieté l'avait délaissé, et sur son front plissé , il y
avait des orages. Que faut-il donc, lecteur, pour
renverser le bonheur le mieux établi ? Un petit accident de terrain , une pluie de la veille, une trop at-
tentive contemplation de sa félicité !....

Le pis est que M. Kobe ne savait à qui s'en
prendre, et que sa colère ne trouvait pas de victime

expiatoire. Faute de mieux, il se mit à maugréer contre lui-même, ce qui lui parut un moyen comme un autre de donner une satisfaction à sa bile. Sans avoir probablement lu la relation de son illustre prédécesseur dans la carrière des voyages, le comte Xavier de Maistre, il n'ignorait pourtant pas que l'homme se compose de deux parties bien distinctes : l'*esprit* et la *bête*, et que, dans le cas actuel, l'une au moins de ses parties était en faute ; de quoi il concluait, qu'après constatation, elle méritait un blâme sévère. Mais de déterminer le vrai coupable, voilà le point. Dans une aventure à peu près semblable qu'avait eue le célèbre Savoyard (il s'agissait d'une paire de pincettes que cet ingénieux philosophe avait employées à griller des rôties pour son déjeuner, et qu'il avait ensuite replacées brûlantes sur les chenêts, d'où une distraction les lui avait fait saisir à pleines mains, au grand détriment de son épiderme qui y resta attaché), il n'avait pas été en peine de trouver un aliment à sa vengeance. Tel était précisément le résultat que cherchait à obtenir M. Kobe, non d'une manière aussi savante sans doute, et quoique philosophant un peu à la manière de M. Jourdain, qui avait fait durant quarante ans de la prose

sans le savoir. Mais on ne peut être un savant uni-
versel.

Tout ceci mérite une explication.

L'homme, selon le noble comte, est à la fois *un* et
double. *Un* dans l'union des deux parties qui consti-
tuent l'*unité* responsable ; *double* dans la partie légis-
lative (*l'esprit*) d'une part, qui a de droit la prépon-
dérance et la haute main, et dans le pouvoir exécutif
(*la bête, l'autre*, pour parler le langage de ce savant
observateur) de l'autre ; pouvoir passif, en droit et
subordonné, mais en fait presque toujours dirigeant,
par une foule de causes que le lecteur n'ignore pas.

Or, indépendamment de cet étrange renversement
des rôles, qui serait à lui seul le principe d'une anar-
chie permanente, c'est un fait d'expérience (témoin
l'aventure du comte Xavier) que les deux pouvoirs
fonctionnent le plus souvent à l'insu l'un de l'autre,
d'où les événements du genre de celui qui prenait
M. Kobe à la gorge, d'où aussi les querelles intermi-
nables des deux rivaux fort aises de se trouver en
faute, et très-disposés à ne se rien pardonner. On
conçoit donc combien l'unité, qui porte l'endosse des
folies de ses deux composés, doit souffrir de cette in-
subordination et de cette rivalité ; c'est une position

bien douloureuse : l'un et l'autre rival lui touche de près, une condamnation la frappe elle-même et lui fait éprouver des tourments pareils à ceux d'un père qui châtie ses enfants. Trop heureuse encore lorsqu'une secrète préférence ne la porte pas à favoriser l'un au détriment de l'autre, et finalement à augmenter par là l'intensité de la querelle !....

M. Kobe, le lecteur a pu en juger, n'était pas innocent de cette préférence ; aussi, point n'est besoin de dire quel étrange désordre se faisait en lui-même. La guerre y était une guerre acharnée et furieuse. Outragé par le bain hors de saison et par le désastre effroyable dont la distraction de l'*esprit* l'avait rendu victime, habitué d'ailleurs à une domination presque universelle et souveraine, l'*autre* énumérait ses griefs avec une vivacité et une apparence de raison qui avaient tout d'abord emporté les sympathies de l'*unité*. Outre la situation pleine de périls où, par la faute de l'esprit se trouvait présentement la communauté, il y avait pour toute la journée une foule de jouissances perdues, telles le soulagement de cette pauvre goutte, un excellent dîner, la visite au banquier, etc.; toutes bonnes choses dont on s'était fait une fête à l'avance. C'était véritablement un cas pendable ; aussi l'*esprit* avait-il affaire à forte partie. Mais il existait en sa faveur des griefs bien autrement sérieux et toujours pendants, qui, dans ce moment de trouble moral où se trouvait l'*unité*, devaient favoriser singulièrement sa défense. Une grosse question, celle du mérite des actions et de la responsabilité finale à certaine époque, gisait au fond de ces débats, et, quoique rarement abordée de front, par des raisons que le lecteur n'aura pas de peine à déduire, les dominait, non pas à l'avantage de l'*autre*. En cette occasion surtout, où le bonheur faillissait à l'*unité*, où son esprit ni sa richesse ne la mettaient pas a l'abri du sort, où son orgueil recevait un échec un peu rude et digne d'examen ; il était naturel qu'elle estimât un peu moins l'homme en général, et elle-même en particulier ; qu'elle n'eût plus la même confiance en son habileté, ni la même certitude quant au mérite de ses théories ; qu'elle fût portée à penser que cette instabilité du bonheur de l'homme serait bien la conséquence d'une pénalité qui s'attacherait à ses actions, qu'enfin, de conséquence en conséquence, elle arrivât à soupçonner, en dernière analyse, l'existence d'une intelligence suprême avec laquelle elle devrait compter, et d'un autre monde aussi, dont celui-ci serait, sous ses deux faces distinctes de félicité et douleur, la figure et l'avertissement. Or, les menaces de ce monde s'accordaient peu avec les jouissances de son favori, dont elle n'ignorait ni les triomphes passés, ni la domination présente, ni les exigences futures. Et puis de toutes ses joies, il ne restait plus que la lie, triste souvenir peu propre à faciliter la défense de l'*autre*, et à atténuer la sourde rancune que de tout temps l'*unité* avait conservée contre cet hôte charmant, mais dangereux, et qui grandissait pour l'heure dans la mesure de ses craintes et de l'intensité de ses doutes. L'*esprit* n'ignorait pas ces dispositions peu bienveillantes de l'*unité* pour son rival, non plus que ses alarmes ; l'occasion était d'en faire son profit, et il ne la manqua pas. Les considérations que je viens d'exposer avaient suffi pour renverser toute l'argumentation de l'*autre*; l'*esprit* l'acheva, en démontrant clairement que le désastre actuel n'était si grand que par la longue habitude de jouissances où il avait plongé l'*unité*, habitude qui avait fait de celle-ci une espèce de sybarite qu'une feuille de rose mal placée eût empêché de dormir, et qui augmentait considérablement pour elle la somme des maux dévolus à l'humanité. Cet argu-

ment était accablant; aussi l'*autre* ne s'en releva-t-il
pas, et bientôt il dut se taire devant la voix victorieuse
de son rival, qui captivait entièrement l'attention de
l'*unité*.

« Ne voyez-vous pas, disait l'*esprit*, que l'*autre*
« montre une fois de plus, en cette occurrence, la
« fausseté de ses promesses ? Il vous fait espérer une
« vie de délices, sans peines ni soucis, et voilà qu'au
« sein même du bonheur et de la puissance, dans
« une situation où tout le favorise, il se laisse aller
« sans préparation aucune, stupidement et bêtement,
« à la plus désagréable aventure ! Combien de fois pa-
« reil mécompte ne lui est-il pas survenu ? Et n'est-ce
« pas une preuve manifeste de son impuissance à faire
« le bonheur de l'*unité*, que cette maladresse incurable
« dont il vous poursuit dans tout le détail de la vie ?
« Sont-ce là ses seuls torts, cependant ? Hélas ! non ;
« il n'a pas seulement vicié en vous la notion du
« bonheur, mettant celui-ci à des conditions impos-
« sibles et coupables ; pour obtenir cette félicité in-
« conciliable avec la nature de l'homme et avec ses
« devoirs, il a banni toute vérité et toute morale, nié
« les lois de la conscience, et, à force de sophismes,
« forgé une doctrine de convention, dont les principes

« menteurs ont remplacé les préceptes qui condam-
« nent ses passions. Voilà ce qu'il a fait pour vous
« séduire et vous entraîner ! Il n'a que trop réussi, le
« misérable ! à tel point qu'il vous a envahie tout
« entière, chassant les qualités qui pouvaient contra-
« rier ses penchants corrompus : chasteté, sobriété,
« modération, crainte de Dieu, tout, jusqu'à l'honneur
« et au respect de vous-même, usurpant l'énergie
« destinée à la vertu et l'employant à la poursuite de
« joies coupables, transformant ainsi cette noble
« *unité*, le chef-d'œuvre de Dieu, créé pour la vertu
« et pour les jouissances de l'esprit, en je ne sais quel
« être pervers, tout adonné au mal, aux convoitises
« de la chair, n'ayant d'yeux que pour le vice, d'o-
« reilles que pour le vice, dont tous les sens, en un
« mot, et l'entendement même sont au service du
« vice. Comptez, si vous le pouvez, les actions cou-
« pables auxquelles il vous a portée, les joies im-
« mondes dont il a fait vos délices? Mais le compte
« est impossible tant il est chargé, tant est longue la
« liste de ces souvenirs abominables ! Est-ce là votre
« mission sur la terre, cependant, que de jouir et de
« vous révolter? Vous imaginez-vous que dans le
« monde des esprits où je vous entraînerai tôt ou

« tard , cette manière de vivre soit recevable, et que
« c'est par l'orgueil et par des jouissances de brute
« que l'on se prépare à y entrer? Non, non. Voilà
« donc une vie pour le moins inutile, puisqu'elle ne se
« perpétuera pas , ne vous servira de rien par delà
« le tombeau ; vous n'en avez gagné que l'insuppor-
« table amertume de la perte des biens et des plaisirs
« qu'il faudra délaisser au départ. Est-ce tout, cepen-
« dant? Non pas ; autre chose vous menace. Il y a
« relativement à ce monde spirituel dont vous faites
« partie dès ici-bas, des lois à observer, des devoirs à
« remplir, une responsabilité finale. Responsabilité
« terrible, pour quiconque a abusé de tout, a tout souil-
« lé ; responsabilité inévitable ! Telle est la croyance
« commune du genre humain ; nul ne peut s'y sous-
« traire, et vous la partagez , quelques nombreux
« efforts que vous ayez faits pour vous y dérober !
« Pourtant, ce ne sont là que les préliminaires de la
« redoutable question. Il vous reste toujours à compter
« avec la vérité catholique , au sein de laquelle vous
« êtes née, dont, au temps de votre innocence, vous
« avez sucé le lait maternel , mais dont plus tard les
« préceptes virils ont étonné votre courage, effrayé
« vos penchants vicieux ; que vous avez rejetée enfin,

4

« sans échapper, toutefois, aux reproches vengeurs
« ni aux avertissements formidables qu'elle n'a cessé
« de vous faire entendre : *Arrête, malheureux, la*
« *bête s'emporte, et avec elle la plus noble partie de*
« *toi-même, la partie responsable, la partie justi-*
« *ciable, d'un tribunal aux sentences éternelles!* Tel
« est l'avertissement solennel qui a retenti tant de
« fois au sein de vos nuits coupables, au milieu de vos
« orgies, dans le calme de votre égoïsme, et qui a
« gravé dans votre cœur l'insurmontable effroi des
« vengeances divines ! Voilà pour l'autre vie. Mais
« au moins vous serez heureux dans celle-ci, et vous
« trouverez sans doute une compensation dans ces
« jouissances si chères, dont le terrible enjeu est le
« bonheur éternel ? Hélas ! non. Un nouvel abîme
» s'ouvre sous vos pas, dont les abords déjà sont par-
« semés d'affreuses aspérités, le malheur, qui est la
« voie commune de tous les hommes, et principale-
« ment de l'homme coupable ; le malheur, qui sera
« le couronnement de votre impiété, et qui marquera
« la fin de ses triomphes. Écoutez la voix de l'Église ;
« qui est en même temps la voix de votre conscience,
« elle vous dira, avec toute l'autorité de sa mission
« divine, et avec une sagesse de beaucoup supérieure

« à celle de vos philosophes : *Le malheur est l'instru-*
« *ment favori des misericordes du Seigneur ; c'est le*
« *remède suprême, offert comme un dernier bienfait,*
« *à l'âme qui ne veut point guérir, mais que Dieu*
« *tente encore de sauver. Nulle grâce, que cette der-*
« *nière et miséricordieuse faveur, aucune vérité ne*
« *sauraient plus atteindre l'homme pervers qui a mé-*
« *prisé toute grâce et toute vérité, et qui en est venu*
« *à braver, dans l'ivresse du succès, les lois éternelles*
« *qu'il croit ne pas exister pur lui.* Il faut donc dis-
« siper ce nuage de fièvre qui enveloppe l'impie et
« lui donne le vertige, dérobant à son intelligence
« jusqu'à la notion de ses devoirs. Dieu , s'il n'a pas
« résolu la perte de cette âme, le fera au jour de sa
« miséricorde ; il renversera violemment cette pros-
« périté qui n'est qu'un agent de ruine ; la fortune
« ou la santé, la gloire ou la puissance, toutes armes
« funestes à l'impie, disparaîtront comme un songe
« trompeur, et l'âme alors, replacée dans un milieu
« plus sain, pourra s'épanouir encore pour la vertu
« et la vérité. Heureux et heureux mille fois, celui
« qui aura passé par le feu purifiant du malheur, sans
« blasphémer contre la justice éternelle qui décerne
« des couronnes également à l'innocence et au repen-

« tir !..... Est-ce donc avec ces sentiments de géné-
« reuse pénitence que vous êtes disposés à accepter
« le dur remède que la *bête* vous a préparé ? Loin de
« là. La seule pensée de cet avenir désolé excite en
« vous une rage de désespoir que peuvent à peine
« calmer de nouveaux et criminels excès. Que sera-ce
« donc, lorsque vous serez aux prises avec la main
« vengeresse du Tout-Puissant, ballottée entre sa
« justice et les convoitises inextinguibles de la *bête ?*
« Quelle horreur! Telle sera, cependant, la consé-
« quence logique des désordres de l'*autre*, si, d'un
« effort généreux, vous ne mettez un terme à sa
« faveur !..... »

L'esprit se tut, certain cette fois d'avoir produit
des raisons solides et probantes. Quelle erreur était la
sienne! Longtemps avant que son discours prît fin,
l'*autre* lui avait lancé un croc en jambe qui le renversait sans ressource. « Tout cela est absurde, soufflait-
« il à l'*unité ;* ce serait bon tout au plus si vous étiez
« au dernier article, mais vous avez encore dix ans
« de vie ! Concevrait-on cette bêtise d'abandonner
« la partie avant que la veine fût épuisée ? Vous ne
« serez pas si maladroit. Allons, nous en avons vu
« bien d'autres, cet orage passera comme plusieurs ;

« mais ce qui restera c'est la certitude des plaisirs
« que l'avenir nous réserve ; cela vaut mieux que les
« sornettes ampoulées de cet esprit qui ne comprend
« rien à l'homme. » Cela valait mieux, en effet, car
l'*unité* se rangea complétement à l'avis de l'*autre*, et
le malheureux *esprit* s'aperçut enfin, mais trop tard,
qu'il avait prêché dans le désert.

L'heureuse issue de cette discussion avait un peu
consolé M. Kobe, sans lui ôter toutefois le sentiment
de ses malheurs actuels. Hélas ! la vie est pleine de
hauts et de bas qui s'entrelacent pêle-mêle , et rarement jouissons-nous de toutes les conséquences heureuses d'une idée agréable ; quelque incident fâcheux
s'en vient toujours à la traverse de notre félicité et y
jette l'amertume. C'est ainsi que le triomphe de l'*autre*
était de beaucoup amoindri par la position désagréable
où il se trouvait, position de plus en plus critique, à
mesure que le jour naissant accroissait le danger
d'être vu en ce triste équipage. Conçoit-on que les
mauvaises langues n'eussent point manqué de gloser
sur cette aventure et de la travestir de mille façons,
le tout au dépens de la dignité et de la considération
de notre héros. La seule pensée en était insupportable ;
et, pourtant, comment échapper à ce danger, lorsque

4.

— 66 —

la route en arrière et devant commençait à se peupler, et que la plaine, d'ailleurs, devait être couverte de laboureurs? La position était douloureuse. M. Kobe s'assit sur une borne et se mit à réfléchir.

D'abord ce fut un flot d'amertume qui remonta du plus profond de son cœur, et qui menaça de submerger ce qui lui restait de courage. Pareille aventure ui était-elle jamais arrivée, à lui, Kobe, homme d'esprit, joyeux compère, plus disposé à rire d'autrui, qu'à l'amuser à ses dépens? Outre cela, concevait-on cette abominable chance, qui traversait sans pitié ses plaisirs et renversait d'un seul coup l'espoir d'un bon dîner. Il y avait quelque temps qu'il ne s'était permis cette douceur; sa goutte l'avait tenu à la diète longtemps; mais il y avait du mieux, et il pouvait sans péril obéir au précepte d'Hippocrate qui recommande un excès tous les quinze jours. N'était-ce point jouer de malheur!... Bref, le désir de remonter un peu ses affaires luttait désavantageusement contre son appétit outragé. Après beaucoup de soupirs, le bonhomme comprit pourtant que ses lamentations ne le mettraient pas hors de peine; il se mit alors à étudier la position topographique. La route était, en ce point, enserrée entre deux côteaux buissonneux, ce qui lui permettait, jusqu'à un certain point, de se dérober aux regards indiscrets ; pour le moment donc, la position n'était pas désespérée M. Kobe constata le fait avec satisfaction et délibéra alors plus posément. Le point était de trouver un biais pour rentrer au logis sans être vu des gens de la plaine, mais la chose n'était pas facile. Il y avait d'abord le sentier de Jean Blaise qui aboutissait sur les derrières du village, à une houblonnière à notre héros appartenant, et contiguë à son jardin. Mais il fallait longer la haie du grand Guillaume, auquel le Baës avait la veille gagné un louis au piquet. Or, le grand Guillaume qui avait le jeu mauvais, aurait saisi avec empressement cette occasion de se venger, et jeté aux quatre vents ce que M. Kobe tenait tant à cacher. Restait le chemin des Bœufs, qui arrivait, après diverses sinuosités, à la maison du docteur Van Houth, sur la discrétion duquel on pouvait à peu près compter ; mais il offrait une chance également à craindre. Ainsi le Baës courait le risque de rencontrer le gros Jérôme dont le moulin s'élevait non loin de là. Le gros Jérôme avait la langue assez mal pendue, surtout lorsqu'au lieu de voler le prochain, il était lui-même joué par plus fin que lui. Pareille aventure lui était arrivée depuis peu. M. Kobe, qui avait au grenier quelques hectolitres de blé charançonné, était parvenu, après boire, à les porter sur le compte du gros Jérôme. Celui-ci en avait fait, à la vérité, de la farine première marque, et l'avait vendue pour telle ; mais il n'avait pas perdu le souvenir de cette finesse. Nul doute donc, qu'il n'eût colporté l'anecdote de porte en porte, ne fût-ce que pour prévenir les malédictions que les m nagères, mal servies par l'énorme contenance de ses grosses mains, tenaient toutes prêtes à lui jeter à la tête, lorsque, de l'air le plus innocent qu'il se pût voir, il allait s'informer des besoins de la maison.

Ces deux points écartés, il restait bien à M. Kobe la ressource de prendre les friches ; mais c'était une épreuve bien rude, pour ses pauvres jambes à peine délivrées de la goutte. Cependant, à tout prendre, il y avait là une chance de salut et la seule ; le Baës s'y attacha résolûment.

Il tâcherait d'abord de se hisser au sommet du versant oriental de la route, lequel était, en cet endroit, bordée par une oseraie ; il longerait celle-ci jusqu'à extinction ; puis, par une manœuvre habile, couvrant sa gauche par le bosquet des tilleuls, tandis

que sa droite serait protégée par des bruyères très-
hautes, il gagnerait inaperçu les prairies où il se dé-
roberait parmi les saules, qu'heureusement il n'avait
pas fait ébrancher encore. Faisant de là le crochet
qui lui permettait d'éviter le pâturage banal, il tom-
berait sur le sentier aux Porcs, qu'il suivrait sur une
longueur de trois cents pas environ ; il prendrait de
nouveau les friches pour gagner une allée de meules,
et de là un vaste jardin clos d'une haie vive de la plus
belle épaisseur ; il côtoierait cette haie une minute à
peu près et déboucherait dans sa grange. Là il avise-
rait aux moyens de rentrer au logis incognito.

Ainsi fait-il. Grimper, cependant, au sommet du
coteau ne se fit point en un instant ni sans danger.
D'abord le sol était détrempé par la pluie, et outre
cela, le digne fermier, qui s'était donné ce jour là des
airs de dandys, portait au lieu de son bâton un jonc
pliant, parfaitement inutile en cette occurrence. Force
lui fut donc, d'accrocher sa lourde masse aux branches
des buissons, et de fonder, sur cet appui fragile, la
réussite de sa périlleuse ascension. Il monte, il monte,
le voilà presque au sommet. Mais une branche craque,
maître Kobe perd l'équilibre, le ravin est béant et
profond de cent pieds, maître Kobe se croit perdu.

Dans ce péril suprême invoquera-t-il ce Dieu qu'il a tant de fois outragé? Non, la pensée ne lui en vient même pas. Tout ce qu'il peut faire, c'est de pousser une malédiction effroyable, et de fermer les yeux, sinon pour échapper au danger, du moins pour ne le point voir. Il attend; un frisson de mort parcourt convulsivement ses sens glacés! Mais quoi! est-ce une fausse alerte? La branche ne casse pas! M. Kobe n'ose d'abord y croire; il ouvre timidement les yeux, puis les ferme avec effroi, et les ouvre de nouveau, non sans frissonner encore; il s'appuie un peu plus, en fré-é-é-missant sur la branche, ... elle tient bon!.... le cœur lui palpite d'anxiété! Il tire doucement, doucement, puis plus fort... et saisit enfin d'une main triomphante un énorme chicot, parfaitement inébranlable. En deux sauts il est en haut. Là il respire.

Les saintes Écritures rapportent que Noé, au sortir de l'arche, offrit au Seigneur un sacrifice d'actions de grâces, pour le remercier de l'avoir préservé de la mort. M. Kobe, qui avait sur les devoirs de l'homme d'autres notions que celles de cet ancien patriarche, s'y prit différemment. Il se mit bien à genoux, mais ce fut pour battre plus convenablement

le briquet , à cette fin d'allumer sa pipe. Malheureusement cette pauvre pipe était cassée ; le Baës se
le rappela, en la cherchant dans sa poche. Il se leva
alors désappointé , gémissant sur la rigueur du sort,
qui le privait ainsi de toute consolation, et il poursui-
vit tristement cette course déjà bien douloureuse par
elle-même.

Déjà l'oseraie est franchie, les tilleuls et les bruyères disparaissent derrière lui, lorsque tout à coup le
son d'un cornet aux vaches retentit presque à bout portant à ses oreilles ! C'étaient les petits pâtres du
village, qui, par un caprice d'enfant, avaient pris, ce
jour-là, un sentier différent de celui qu'ils suivaient
d'ordinaire, et cheminaient paisiblement sur l'extrême
gauche de notre voyageur, formant avec lui un angle
aigu dont le point d'intersection allait bientôt se produire. Le cas était pressant ; M. Kobe ne s'arrêta
pas cette fois à se lamenter, et, coupant brusquement
au travers des bruyères, il s'enfuit dans la direction
d'une sapinière sise à mi-côte d'une colline qui for-
mait la limite du commun. Là, selon le calcul rapide
qu'il en avait fait, il pouvait étudier les mouvements
de la plaine, et modifier son plan en conséquence. Je
ne m'arrêterai pas à relater les nombreuses déchi-

rures qu'il se fit aux ronces et aux épines, non plus
que la perte de sa canne qu'il oublia dans une touffe
d'orties, où il s'était précipité la tête la première. Il
arriva enfin sur la lisière du bois, et là s'assit, hale-
tant, sur un sapin renversé, image de son bonheur;
puis laissa tomber sa tête entre ses mains, effrayé et
vaincu par cette incroyable persistance de la mauvaise fortune.

Sa physionomie n'exprimait plus que le décourage-
ment, et l'on y aurait vainement cherché trace de
cette morgue superbe, que l'habitude de la domination et du succès y imprimait d'ordinaire. L'homme
comblé par la fortune et la prospérité se croit invin-
cible, et brave à l'avance des misères dont il ne connaît pas l'amertume. Il n'a essayé ses forces que
sur des choses qui ployaient sous sa puissance d'em-
prunt, et tout obstacle s'est effacé devant lui; il ne
doute pas que le succès n'accompagne à jamais ses
pas. Mais vienne l'adversité (1), vous ne retrouverez

(1) C'est-à-dire ce que la lâcheté de l'homme prend pour
l'adversité. Le lecteur intelligent comprendra aisément que
ce n'est pas sans dessein que l'auteur s'en est tenu au *mini-
mum* du malheur. Il eût été trop facile d'accumuler sur la
tête du héros de cette histoire tous les fléaux que l'impie se

plus ni la même confiance, ni ce courage qui appelait orgueilleusement le danger ; cet homme s'amoindrit tout à coup et rentre sous le niveau commun. Telle se dévoilait la situation morale de M. Kobe, dont le courage, tout artificiel, était composé d'éléments qui pouvaient faillir. Ils faillissaient en effet, et l'homme ne présentait pas un glorieux spectacle. A la mobilité de ses traits et aux expressions diverses qui s'y succé- daient, toutes plus ou moins empreintes d'abattement ou de colère, il était facile de voir que ce n'étaient ni la résignation, ni une méditation sérieuse de l'état de son âme qui inspiraient ses pensées. Le cours en était précipité et incohérent, comme il arrive à l'homme qui a perdu tout empire sur lui-même, et que la rai- son ne saurait plus dominer. Depuis quelque temps déjà, il murmurait intérieurement, et ses gestes trahissaient seuls le désordre de son esprit. Mais sa mauvaise humeur l'entraîna si loin, que sa voix s'éleva de plus en plus, et bientôt il dit tout haut :

— Qu'est-ce donc que le bonheur, si un homme tel que moi ne peut se flatter de le posséder ?.... J'ai

prépare. Mais ce soin est inutile à prouver que l'homme abandonné de la foi est sans force, comme il est sans appui.

tout fait pour l'obtenir, ma vie tout entière a été dirigée vers ce but unique, et voilà qu'après tant d'efforts il me manque comme au dernier des hommes ! Où diable est-il donc, s'il n'est pas dans la fortune ?... Je m'y perds. Je serais presque tenté de croire qu'il n'y a pas de bonheur. Aurais-je donc passé ma vie à me mystifier ? J'ai pourtant été heureux, au temps que je n'avais pas la goutte et que rien ne m'étonnait, ni les excès, ni les passions, pas même les scrupules. Pourquoi ne le suis-je plus ? Je m'ennuie, je baille devant les plaisirs qui autrefois me souriaient, et ces plaisirs, je ne puis même plus les attrapper : ni ma santé, ni la chance ne me le permettent ! Je voudrais m'expliquer ceci : pourquoi suis-je malheureux ? Ce n'est certainement pas par ma faute ; je n'avouerais jamais que j'ai employé les trois quarts de ma vie à me rendre misérable ; ce serait là, en effet, un superbe résultat !.. Serait-ce donc le fait de cette Providence dont les dévots m'ont tant de fois régalé les oreilles ? Leur Providence ! Pourquoi alors a-t-elle créé la douleur? C'est donc pour souffrir, que j'ai reçu la vie? Le beau présent !... J'en reviens toujours là ; elle aurait dû faire l'homme heureux ; je ne le suis pas, moi ; j'ai une soif de jouir que je ne puis satisfaire. Qui a mis cela en moi ? Mes passions, me disent les dévots ; mais ces passions, pourquoi me tentent-elles ?... Je sais bien qu'ils soutiennent que je puis y résister, que c'est une épreuve, l'objet d'un combat dont je puis sortir victorieux, et qui me comblerait de gloire et de faveurs. Mais ce n'est pas vrai : la preuve en est que je suis toujours vaincu. Cette séduction m'emporte ; vainement voudrais-je m'y dérober, je n'en ai pas le courage. Qui donc me la donnera, cette force qui me manque ? Dieu, disent-ils encore, Dieu toujours ! Eh ! bien, pourquoi ne le fait-il pas? pourquoi m'abandonne-t-il à ma faiblesse ? Il faut certaines conditions, ripostent mes contradicteurs, une disposition préalable qui appelle la grâce, et plus tard des efforts qui la conservent; soit. Mais si je n'ai pas, moi, la faculté d'y entrer, dans cette disposition, les voilà bien attrappés; si la chose était possible à d'autres, pourquoi ne le serait-elle pas à moi-même ? J'en conclus qu'elle n'est possible à personne; et que devient alors leur système? une pure chimère..... Ne proclament-ils pas aussi que je ne suis malheureux que parce que je suis châtié. Mais pourquoi suis-je châtié? parce que je fais le mal, apparemment? Hé! qu'est-ce donc que le mal? Suivre l'impulsion de ses penchants, obéir à ses goûts, satisfaire ses désirs sans contrainte, est-ce donc là le mal? Si ce l'est, il est diablement répandu, et je marche en nombreuse compagnie. Ah! c'est ici surtout que je triomphe! qu'ils parent seulement à cette botte, et je me rends : Le mal est facile, il est à la portée de chacun ; personnellement, je n'ai qu'à étendre la main pour le saisir, et la fortune, qui en est l'instrument principal, me comble de ses faveurs ; je leur demande pourquoi leur Providence me laisse ainsi abuser de ses dons?... Ils pourraient bien me répondre, il est vrai, ajouta M. Kobe, en se grattant l'oreille, qu'il y a un autre monde où mon compte sera réglé plus tard !... Hum ! si cela était, ça mériterait, en effet, réflexion ; mais qu'est-ce qui le prouve? Rien. Cela suppose une foule d'idées et de principes que je ne puis admettre. Je n'ai pas vécu là dedans ; ma vie s'est passée ailleurs ; se transforme-t-on ainsi du tout au tout, et devient-on un autre homme pour la plus grande gloire d'une doctrine qui vous couvre de honte ! C'est absurde ; je ne puis m'être trompé si longtemps, ni à tel point. Il n'y a point de Providence ; il y a un bon et un mauvais sort, voilà tout. Je m'en tiens là, c'est le plus clair. Le nœud est de se rendre le sort favo-

rable ; c'est toujours là mon système. L'heureux sort
n'est pas autre chose que l'habileté dans les affaires
de la vie... Avec ça on échappe à la plupart des
maux et des privations qui atteignent les niais , et
pour le reste... ma foi, pour le reste, il faut bien le
supporter... comme par exemple ma goutte... c'est là
un mystère de la nature...; elle en est pleine , la nature, de mystères; à commencer par les imbéciles qui
se privent de tout par les sottes terreurs d'une autre
vie. Je n'ai pas au moins celles-là , et ce n'est pas
moi.....

Un incident inattendu vint ici interrompre l'ora-
teur, et le rappeler à des terreurs plus sérieuses que
celles dont il plaisantait si spirituellement. C'étaient
deux quidams qui se battaient et qui, dans la chaleur
de l'action, arrivaient à fond de train sur notre voyageur. Moins absorbé dans ses réflexions philoso-
phiques, celui-ci eût jugé depuis longtemps cet évé-
ment inévitable. Les jeunes pâtres avaient suspendu
au tronc d'un saule le hâvre-sac contenant leur déjeuner, puis , sans plus s'en inquiéter, ils s'étaient mis
à faire un feu au coin de la prairie. — Ceux de mes
lecteurs qui ont joui autrefois de l'heureux privilége
de paître les vaches dans leur enfance, concevront

aisément le charme indescriptible que l'on trouve à allumer, sur la lisière du bois ou de la lande, un feu de bruyères ou de genêts, à chauffer autour ses petites mains violettes de la bise d'automne, et à considérer assis auprès, dans une douce rêverie, la flamme qui pétille, la fumée qui s'élève en zig-zag, l'alouette qui chante au zénith, le corbeau qui dispute à la pie quelques épis délaissés, et parfois aussi de longues bandes de canards sauvages qui traversent silencieusement un ciel gris et brumeux. Ce sont plaisirs bien dignes de faire oublier un prosaïque déjeuner. Tel était bien le sentiment de nos petits pâtres flamands, car après une discussion sur l'importante question de savoir ceux qui s'asseieraient ou qui ne s'asseieraient pas sur une vielle souche pourrie, qu'ils avaient transportée à grands efforts près de leur feu, ils s'étaient mis à suivre d'un œil curieux les évolutions d'une volée de sansonnets, qui tantôt faisaient mine de s'abattre sur un vieil aune, et tantôt paraissaient sur le point de se précipiter au milieu d'un troupeau de moutons; alternative qui tint longtemps nos jeunes gens dans l'incertitude.

Mais pendant cette contemplation intéressante il se passait d'étranges choses. Le déjeuner ainsi aban-

donné avait excité la convoitise de deux gourmands
qui, mus 'par une même intention de pillage, étaient
arrivés presque simultanément au pied du saule, et
qui, ainsi qu'il arrive souvent entre larrons, n'avaient
pu s'entendre sur le partage du butin. L'un ne voulait rien céder l'autre prétendait tout avoir. Ces deux
prétentions étaient également absurdes et inconci-
liables. Un instant les deux adversaires se mesu-
rèrent des yeux et parurent se craindre. A la fin,
fortement sollicités par un ardent désir, ils tombèrent l'un sur l'autre à grands coups de cornes.
C'étaient une vache et un bœuf, j'oubliais de le dire.
La vache, qui avait fait la trouvaille, s'en était em-
parée, assez embarassée du reste d'en tirer parti ; le
bœuf voulait la lui prendre ; il en était résulté un
combat préliminaire qui n'avait pas abouti. Enfin le
bœuf parvint à saisir le sac par un bout ; chacun tirait
de son côté, mais la vache tenait mieux. Impatienté,
le bœuf lâcha prise, et d'un coup de corne heureux
embrocha le sac et l'enleva par ce moyen. Mais épouvanté tout aussitôt par cet appendice extraordinaire
qui lui battait le crâne, il se mit à fuir en beuglant,
poursuivi par la vache, et accompagné des clameurs
formidables de ses confrères, ameutés par ce spec-

tacle. Tout ce trouble avait fini par éveiller l'attention des pâtres , qu'un coup d'œil jeté sur le champ de bataille eut bientôt instruits de l'affront dont était menacé leur appétit : un appétit de douze ans ! Ce qui s'ensuivit est assez facile à comprendre. Comme le bœuf avait pris la direction de la sapinière où se tenait M. Kobe , celui-ci eut bientôt sur les bras cinq ou six gamins qui , sous prétexte de rattraper leur déjeuner, venaient traîtreusement troubler sa solitude. Le pauvre homme ne trouva point d'autre expédient que de s'enfoncer précipitamment dans l'épaisseur du bois, fort chagrin de ne l'avoir pas fait d'abord , et très-incertain s'il n'avait pas été vu. Nous l'y laisserons , d'autant plus que la malignité du *sort* le condamnait à n'en pas sortir de longtemps.

SECONDE PARTIE.

LE RETOUR DU VOYAGEUR.

Bon sens tard venu est aussi sagesse.

L'angelus du soir venait de tinter à l'église du monastère, bientôt répété sous mille tons harmonieux du haut des clochers étagés sur la montagne, ou perdus au fond des vallées ombreuses de la Morinie, ou à demi voilés dans les lointains extrêmes de l'horizon flamand. Les blancs capuchons des religieux occupés à un défrîchement sur ce plateau aride, s'étaient tout à coup inclinés, et à cette activité paisible d'un travail offert à Dieu avaient succédé l'immobilité et le calme de la prière. Les pâtres, les laboureurs répandus dans la plaine avaient, pour la plupart, suivi cet exemple, et c'était un spectacle à la fois bien grave et bien touchant, que celui de ces hommes agenouillés sous la voûte des cieux, offrant l'hommage de leurs sueurs à

6

Celui par qui seul le labeur de l'homme ne demeure point stérile. La physionomie de ces pauvres gens, tout à l'heure triste et accablée sous le faix du travail, s'était tout à coup transformée, et reflétait une douce paix. Ah ! c'est que la prière est un ange aux ailes rapides, qui transporte immédiatement le cœur de l'homme aux pieds de Dieu, et le met en communication intime avec la source de toute félicité ! Heureux donc l'homme qui ne s'est point seul chargé du fardeau de sa misère, et qui s'est souvenu qu'un Dieu autrefois daigna s'incarner et se faire homme pour alléger les souffrances de l'homme ! Si grandes que soient pour lui la rigueur du sort et l'amertume de sa condition, le poids de la vie ne lui sera pas un fardeau pénible, et la fatigue ni la douleur n'affligeront point son âme sans espérance et sans consolation.

Un vieillard se distinguait entre tous par l'ardeur de sa piété et par la suave douceur de sa prière. Dans ses traits perçaient une foi et une confiance qui attestaient une longue expérience des faveurs de la grâce et d'ineffables souvenirs de la bonté de Dieu. Cet homme était pauvre, et les nécessités de la vie devaient peser de tout leur poids sur son existence ; cependant on aurait vainement cherché sur sa figure cette préoccupation pénible qui est la marque distinctive de la physionomie de l'homme de notre temps. Tel est le secours puissant que la prière apporte à l'homme, qu'elle le met en sûreté même au sein de la condition la plus nécessiteuse, et que son âme, détachée déjà, par une première faveur, des jouissances de la vie, en vient à ne s'inquiéter plus des premiers besoins de la nature : *Donnez-nous aujourd'hui notre pain quotidien*. Dieu l'a promis, Dieu le donnera, et il ajoutera par surcroît le pain de l'âme, cette grâce qui fait les forts, et qui élève la pensée de l'homme bien loin au-dessus des préoccupations puériles de la vie.

Aux champs, l'heure de la prière marque aussi le commencement ou la cessation du travail ; c'est un reste de ces anciennes et pieuses coutumes qui autrefois mêlaient partout les pratiques de la religion aux occupations de l'homme. — Le vieillard, suivant en cela l'exemple de la plupart de ses compagnons, rassembla ses instruments de travail, et reprit le chemin du village.

L'automne n'avait pas eu de plus beaux jours. Le soleil couchant, dont l'éclat était tempéré par une atmosphère un peu épaissie, dorait le feuillage des arbres à demi dépouillés, et répandait à flots sur cès

campagnes une lumière douce et voilée qui s'harmo-
niait admirablement avec le deuil de la nature. L'ensemble du tableau était sombre et mélancolique, cependant le vieillard semblait le contempler avec un
attrait singulier. L'automne est en effet la saison pré-
férée des âmes simples et aimantes, de celles principalement que d'innocentes méditations ou de grandes
douleurs ont inclinées aux contemplations attendries.
Il y a en ce déclin de l'année quelque chose dans l'air
qui se sent jusqu'au plus intime de l'être, et qui y fait
vibrer des cordes sensibles, muettes en d'autres
temps. C'est un aspect triste et agréable à la fois qui
appelle les larmes, et qui provoque en même temps un
mélancolique sourire. On dirait d'une émotion semblable à celle que nous éprouvons, lorsque nous en-
tendons prononcer, dans une grave circonstance de
notre vie, le mot si triste et si aimable à la fois :
Adieu. C'est bien en effet une séparation ; toute cette
belle nature prévoit qu'elle va disparaître, et elle
nous chante son suave adieu. Mais là seulement n'est
pas le secret de la mélancolie qu'elle nous inspire. Ces
bois qui vieillissent, ces plantes qui tombent de vé-
tusté, ces oiseaux muets qui ont oublié les chants du
printemps, tout cela est un symbole, une vague indi-

cation de la destinée de l'homme. « Lorsqu'au déclin de l'année, la feuille se détache de l'arbre qui ne la nourrit plus, que toute voix meurt dans la nature, qu'aucun éclat joyeux ne réveille plus les échos endormis de la montagne, et que la création tout entière a pris un voile de tristesse, alors l'automne plein d'attraits nous appelle au fond des bois, au bord d'un clair ruisseau ; il nous met sous les yeux le deuil de la nature, et nous fait souvenir qu'aux jours brillants, mais fugitifs de la jeunesse, doivent succéder les jours brumeux et sombres de cet automne qui, par un sentier glissant et rapide, conduit l'homme au tombeau. »

Ce vieillard qui s'avançait à pas lents, d'un air grave et méditatif, au milieu de cette nature morte et nue, de ces herbes flétries et de ces arbres chenus, semblait personnifier cette scène, et lui donner une vivante expression de la leçon qu'elle présente aux hommes. A lui-même, peut-être, la leçon était inutile : il était éclairé de plus haut. La nature n'est pour le chrétien qu'un degré, et le plus bas de cette échelle divine de beautés morales qui conduit l'âme jusqu'aux cieux. La perfection de Dieu et les vérités sublimes de la révélation sont un aliment bien autrement approprié aux besoins de l'âme, que les merveilles de la nature, bonnes sans doute et faites pour l'homme, mais voilées d'ombres, et perdues dans un coin obscur de la création, bien loin des beautés célestes qui passionnent l'âme pour les joies ineffables de l'éternité. L'homme pourra passer par la nature pour se rapprocher de Dieu, mais ce ne sera jamais la contemplation unique des beautés de la création matérielle, contemplation trop dépendante des efforts humains pour ne porter point à l'orgueil, qui élèvera son esprit et son cœur aux divins sommets où l'âme immortelle trouve une patrie.

Cependant la brume du soir descendait de plus en plus sur la plaine, et l'obscurité avait achevé de couvrir de ses ombres le paysage émouvant qui fixait les regards attendris du vieillard. A peine si l'immense incendie allumé à l'occident par le soleil couchant jetait encore quelques lueurs douteuses sur les formes gigantesques des monts, qui prenaient sous cette lumière crépusculaire des aspects fantastiques bizarres. Le disque argenté de la lune, qui montait lentement à l'horizon opposé, commençait à verser dans la vallée une lumière douce et voilée, au sein de quoi les arbres et les buissons prenaient des formes nouvelles et une autre poésie. Plus d'autre bruit que la cloche du monastère qui sonnait en ce moment l'heure de complies ; si ce n'est parfois le hululement du hibou dans le lointain, ou le cri rauque du corbeau attardé, surpris dans sa solitude. Le silence de la nuit berçait dans un doux repos ce coin de terre, la nature et ses œuvres ; mais il n'avait pas enseveli toute agitation parmi les hommes, il n'avait pas mis fin à toutes leurs misères. L'infortune ne suit pas, dans sa marche vengeresse, les époques et les heures que la nature a assignées à l'action régulière de l'homme ; fruit de la sottise ou de la méchanceté humaine, elle apparaît à l'homme et le frappe avec ce caractère désordonné et cette irrégularité qu'ont eus elles-mêmes, les causes qui l'ont produite. L'effet suit de près et dans tous ses détours le principe dont il émane. C'est ce qu'allaient éprouver, avec une fortune diverse, les deux héros de cette histoire.

Le vieillard, surpris lui-même par cette obscurité et ce silence, et sentant la brise du soir pénétrer vive et froide à travers ses vêtements, avait pressé le pas, et déjà il allait atteindre les premières maisons du village, lorsqu'il aperçut deux hommes qui s'agitaient confusément dans l'obscurité, entremêlant d'efforts et de gestes désordonnés, une sorte de dispute à demi voix qui monta bientôt à un diapason plus élevé.

— Voyons, disait une voix, je ne puis pourtant vous porter sur mes épaules, vous êtes vraiment trop lourd ; aidez-vous un peu et appuyez-vous sur mon bras.

— Je suis un homme perdu, Karel, mon ami, s'écriait l'autre, d'un accent lamentable ; je vais prendre la fièvre, cela est hors de doute. Cette aventure me passe.

— Hé ! elle me passe bien, moi. Non, je ne me serais jamais imaginé que vous seriez assez bête de donner dans une pareille trappe. Mais on a bien raison de dire que lorsqu'un âne a le pied sûr, il n'a rien de plus pressé que de courir sur la glace, où il se casse la jambe.

— Ah ! gredin, tu abuses de ma position. Il t'appartient bien, vraiment de parler ainsi, alors que tu es la cause de tout ce désastre. Le proverbe n'a pas tort : Jouez avec un âne, il vous cingle le visage avec sa queue.

— Mal avisé ne fut jamais sans peine. Il fallait me laisser là et vous en tirer seul. Du reste il n'est pas trop tard..... adieu.

— Ah ! c'est bien vrai qu'un chien enragé mord

jusqu'à son maître. Karel, auras-tu bien la cruauté de m'abandonner dans cette affreuse position ?....

— Il y a longtemps que j'aurais dû le faire, car charité bien ordonnée commence par soi-même. Suis-je plus que vous sur un lit de roses ? et ne devrais-je point songer à me sécher, au lieu de supporter vos rebuffades ?

— Je te traiterai bien, mais porte moi.

— Hé ! vous voyez bien que c'est impossible ; êtes-vous hors de sens ? Vous pesez trois cents, comment voulez-vous que je charge cela sur mon dos ? Allons, levez-vous, je vous soulèverai un peu.

— Ah ! Karel, que je suis donc un homme malheureux !

— Par pleurs, par cris et par hélas, le mal on ne soulage pas. Debout, debout, et montrez au moins que vous êtes homme.

C'est à ce point de la conversation qu'arriva le vieillard. Karel, qui jetait autour de lui des regards d'angoisse, l'aperçut.

— Hé ! arrivez, l'ami ; oui, précisément vous venez à point, vite....

— Que fais-tu là, misérable, exclama l'autre ; ne sais-tu pas ?....

— Si fait, je sais; je sais parfaitement que ce qu'un ne peut, deux le font.

—Mais je vais être vu.

— Mieux vaut aise qu'orgueil. D'ailleurs, ce n'est pas honte de choir, mais de trop gésir. Allons, voyons, voulez-vous rester là avec la fièvre, ou tenez-vous enfin à rentrer au logis? Il y aurait cependant un choix à faire.

—Oh! Karel, songe combien je serai ridicule....

—Eh bien! ridicule tant que vous voudrez, s'écria Karel impatienté; le vin est versé, il faut le boire; fallait pas donner dans le panneau. Allons, Jean, empoignez-le par le bras, et nous le soulèverons.

Au premier appel de Karel, Jean s'était avancé. Un imperceptible sourire de pitié erra sur ses lèvres, en reconnaissant les deux personnages. L'attitude de ceux-ci était en effet du plus haut comique; ils étaient mouillés des pieds à la tête, et tout ruisselants encore. Karel, qui avait dû avoir des sabots et un bonnet, était nu-pieds et sans coiffure, du reste si trempé que ses vêtements lui collaient sur la peau, et que ses cheveux, aplatis le long de son visage, lui donnaient l'air d'un caniche qui vient de se permettre les dou-

ceurs d'un bain ; mais ce n'avait pas été une douceur
pour lui, on peut m'en croire. Quant au Baës, il n'é-
tait pas dans un équipage plus brillant; on aurait parié
qu'il s'était roulé par plaisir dans un bourbier, et que
son costume, y compris son bel habit marron, en avait
ramassé tout le contenu. Outre cela, le pauvre homme
grelottait au point que ses dents s'entrechoquaient
avec bruit, et que son gros corps, couché le long de
la berge d'un fossé, s'agitait irrésistiblement d'un
frisson fiévreux.

Par quelle suite d'aventures l'infortuné voyageur
était-il tombé dans un si pitoyable état ? C'est ce que
je vais essayer de raconter.

Le lecteur se rappellera sans doute que l'aventure
des pâtres l'avait forcé de se réfugier dans un bois.
Cet incident, pour si désagréable qu'il fût, n'offrait
après tout qu'un danger temporaire, et notre voyageur comptait bien toujours s'en tirer avant la nuit ;
mais par une suite incroyable de circonstances, toutes
des plus fâcheuses, la plaine avait été constamment
occupée. D'abord, il avait espéré pour le midi, à cette
heure où le vide et le silence se font dans la campagne,
et il attendait ce moment avec d'autant plus d'impatience, qu'il n'avait pas déjeûné, et que son appétit

commençait à lui envoyer de sévères avertissements ;
mais les maudits petits pâtres ne s'en étaient pas re-
tournés dîner ce jour-là, et l'avaient tenu en haleine
jusqu'à trois heures, où , après force allées et venues
des plus menaçantes, ils se décidèrent enfin à vider le
terrain. Débarrassé de ce danger, il en avait trouvé
une foule d'autres : un berger s'en était venu paître
ses moutons dans un trèfle voisin ; une vieille femme
et sa chèvre erraient sur la lisière du bois ; puis , çà
et là, une foule de pauvres gens donnaient la dernière
main à leur champ. Il fallait donc se' résigner à attendre la brune , et.... toutes les conséquences. De
dire ce que le malheureux voyageur ressentit d'impatience, d'angoisses, de dépit, ce serait une tâche au-
dessus de mes forces. Que le lecteur seulement se
figure un homme habitué à faire régulièrement et à
ses heures quatre excellents repas , dont deux au
moins en compagnie d'honnêtes gens, qui exaltaient
ses mérites ; à se chauffer à loisir et à se rafraîchir à
sa soif ; en un mot à goûter avec charmes toutes les
douceurs artistiquement agencées d'une vie confor-
table ; après cela que le même lecteur se représente
cet homme jeté inopinément dans l'épaisseur d'un bois
sombre , par un froid piquant, les pieds en mauvais

état, n'ayant pour siége qu'un tronc noueux , d'autre distraction que les corbeaux et les hiboux qui venaient l'agacer, de passe-temps que de refaire sans cesse un plan de retraite toujours déjoué ; condamné d'ailleurs à un jeûne forcé, à une soif bien sentie, et humilié au point de subir tout une journée l'affreuse perspective de sa grandeur croulée et de son bonheur détruit, et il se fera une idée à peu près exacte de l'épouvantable situation où se trouvait M. Van Grodorp. Soupirs, impatiences, colères, lueurs d'espoir, alertes de toutes espèces, allées et venues des plus fatigantes, repos prolongés dans une attitude forcée, le malheureux voyageur dut tout épuiser !...

Arriva enfin, avec la nuit, l'heureux moment où il put mettre le pied hors du bois. Un exilé qui respire pour la première fois l'air de la patrie longtemps absente, ne ressent pas une joie plus vive que celle qu'il goûta alors. Ses jambes d'abord ne répondirent pas à son empressement : et de vrai, la position gênée qu'elles avaient gardée toute la journée était bien de nature à les engourdir, joint que cette maudite goutte non plus n'épargnait pas ses élancements ; mais peu à peu, et sous l'influence de l'exercice, elles reprirent leur vigueur, et purent suffire à peu près à l'impatience qui les mettait en jeu. Cette fois, heureusement, la marche de notre voyageur était simplifiée de beaucoup : il n'avait plus à s'inquiéter d'un plan stratégique quelconque, l'obscurité était un préservatif bien plus efficace que la plus habile combinaison, et tout chemin était sûr, pourvu que le pied s'y posât d'aplomb. Sous ce dernier point, cependant, celui qu'il suivait laissait à désirer, et c'est à ce propos qu'une nouvelle aventure, plus cruelle mille fois que les autres, vint encore compliquer cette douloureuse Odyssée, qui devait faire de ce jour, pour notre héros, un des plus mémorables de sa vie.

Le lecteur aura déjà remarqué sans doute que M. Kobe, à l'exemple de beaucoup d'esprits élevés et vraiment supérieurs (j'ai principalement en vue ces remarquables intelligences dont la supériorité est telle qu'elles ne relèvent que d'elles-mêmes), était tout entier au sentiment qui l'occupait, et que sa pensée se concentrait sur un objet avec une puissance qui excluait toute considération étrangère. Or, il n'avait pas dîné ; point n'est besoin de dire de quelle faim dévorante il se sentait pressé, et quelle préoccupation importante tenait son esprit aux arrêts. Ainsi poussé donc par l'attraction puissante qu'il y avait entre ces mâchoires et l'excellent souper sur lequel il comptait bien se dédommager de tant et de si cruelles privations, il avait abandonné toute autre idée, même celle de se conduire. Mais ces espérances culinaires, portées à un tel point d'intolérance, s'accordaient peu avec la situation assez périlleuse où il se trouva à un certain moment. Il suivait un chemin bordé d'un large fossé, et longeait ce fossé ; des instruments aratoires obstruaient çà et là le sentier. Il en avait évité un d'abord, puis deux, par une sorte d'instinct confus plutôt, que par une vue précise du danger : mais un troisième lui fut fatal. C'était une charrue : notre héros accroche l'un des ailerons, et veut faire volte-face pour se dépêtrer ; mais derrière cette charrue il y avait une herse,— et voilà précisément le miraculeux de l'événement :— il saute sur la herse, qui se renverse et l'accroche par les basques de son habit. Cela n'était rien, et devait paraître peu extraordinaire à un homme qui avait conçu la création du monde opérée par les atomes d'Épicure ou par les monades de Leibnitz ; mais ce qui était quelque chose, c'est que la herse glissa jusque dans le fossé, tenant toujours le pauvre homme accroché ; tellement que, par un de ces hasards inimaginables, étourdissants,

qui touchent à l'extrême du possible, et au delà
de quoi on serait tenté de refuser toute créance, elle
se planta debout par la pointe au milieu du fossé,
enserrée entre deux jeunes arbres flottés, que le *sort*
avait jetés là pour jouer ce malin tour à notre héros ;
tandis qu'à l'extrémité supérieure elle portait M. Van
Grodorp, suspendu le nez en l'air, le crâne à deux
pouces de l'eau et les pieds dedans. Le lecteur se ren-
dra aisément compte de la position extrêmement gê-
nante où se trouvait le malheureux voyageur : il était
plié en deux, à contre biais, en sorte que tout le poids
de son corps reposait sur la force des reins, et le pis
de l'affaire était que le moindre mouvement devait com-
promettre la position de beaucoup et la rendre émi-
nemment périlleuse, car la herse pouvait culbuter et
faire faire le plongeon à notre homme. Indépendamment de la température du bain, le fossé avait six pieds
d'eau, et M. Kobe ne se souciait guère d'un exercice
natatoire à pareille heure. Outre cela, se conçoit-on
ainsi pendu la tête en bas ? n'y avait-il pas mille fois
pour attraper une apoplexie, accident qui eût privé
ce brave homme de toutes sortes d'agréments dont il
n'était point las. La situation n'était pas gaie ; aussi
le père Kobe riait-il peu. En attendant, il jurait, ce

qui pourtant, n'avançait pas beaucoup ses affaires. Sentant à la fin sa tête s'alourdir et ses idées se brouiller de plus en plus, le danger qui en résultait lui parut infiniment plus digne d'attention que la possibilité d'une immersion, et lui fit surmonter son horreur de l'eau.

Il essaya donc de se décrocher, avec les ménagements toutefois et la prudence dont sait user un homme qui sent bien que sa fortune et sa vie, pour le général comme pour le particulier, dépendent de son habileté. Ses efforts ne réussirent qu'à enfoncer plus avant l'instrument dans la vase, et finalement qu'à lui faire prendre une douche, qui pourtant pouvait avoir l'avantage de rafraîchir sa cervelle en feu ; mais il ne sentit que le goût de l'eau trouble, dont il but un coup énorme, et dont aussi il eut à se préserver par une inclinaison plus horizontale, qu'il fut obligé de donner à son corps ; ses reins en souffrirent d'autant. Mais que devenait pendant tout cela l'assiette de son esprit ? Hélas ! bien déplacée. Si un homme debout et à son aise n'est pas toujours sûr de conserver ses facultés dans un juste équilibre et dans une parfaite lucidité ; que dire de l'homme qui est en quelque manière étouffé, asphyxié par le poids de ses humeurs, et qui, dans cette position effroyable, doit encore penser, ré-

6

fléchir, enfin se tirer d'affaire ? On ne peut s'étonner que ses sens se brouillent, que ses idées tournoient. C'est précisément, je crois, ce qui arriva à M. Kobe, si j'en juge par l'incroyable discours qu'il se mit à prononcer, avec force soupirs et inflexions de voix plus ou moins oratoires.

— Cela va trop loin, oui, positivement trop loin..., s'écria-t-il. Oh mes reins !.. et ma tête... ouf ! le sang m'étouffe ! On me l'a toujours dit, que je mourrai d'un coup de sang... Voyons, vais-je périr, et est-ce ici ma fin ? Il y a bien apparence... Ainsi je n'ai joui jusqu'ici de ma fortune que pour arriver à ce superbe résultat ! c'est heureux ! Que diable est-ce donc que l'homme, pour être en butte à de pareils coups ?.. Il faut que je ne me sois jamais rendu un compte bien clair de sa destinée, car je n'avais pas à coup sûr prévu ceci. A quoi sert donc l'esprit, s'il n'est pas capable de vous préserver du sort ? Il est pourtant supérieur à la matière, du moins il y a des gens qui le disent, notamment les dévots ; et voilà que la matière lui joue à tout bout de champ des tours pendables ! Y a-t-il de l'esprit dans le monde, ou bien est-ce la matière qui est esprit ? Question épineuse ! Je croyais pourtant en avoir ; mais quelle apparence y en a-t-il? Me laisserais-je aller à ces aventures bizarres ? Non, je n'en ai point ; certainement je ne suis qu'une bête ; oui, ma foi, un stupide animal ! Misérable ! es-tu donc las de vivre ? C'est pourtant par ta faute, que tu vas perdre tant de jouissances péniblement méritées ! ma ferme, mes terres, mes beaux chevaux, mes superbes durhams, mon argent, et toutes mes habitudes ! Oh ! je sens que la tête me tourne !... C'est une iniquité ; ne me volez pas, ne m'enlevez pas ainsi mon bien ; c'est moi qui l'ai acquis, la propriété est inviolable : voilà ce que je soutiendrai toujours contre les socialistes ; leur doctrine n'a pas le sens commun ! Oui, je le reconnais, les commandements de Dieu pourraient bien avoir quelque efficace pour contrecarrer les prédications de ces bandits. Il y aurait bien à réfléchir là-dessus ! Hé ! ce sont mes héritiers qui partagent mes dépouilles ! Oh ! les pendards, dans quel ébaudissement je les trouve ! Mes pauvres écus, si laborieusement amassés, ma gloire, ma puissance ! Bon ! les voilà attablés, et ils font ripaille de ma basse-cour ! Ah ! diable ! ils ont remonté toute ma cave : ils se grisent avec mon vin ! Que n'ai-je donc tout bu ! Scélérats, ivrognes ! ils ne m'en laisseront pas ! Se peut-il jamais une infortune

semblable à la mienne ? Oh ! si j'étais encore vivant !...
Voyons, suis-je mort ou suis-je vivant ?.. Je souffre
encore pourtant... Où diable suis-je donc ? Ah ! c'est
encore cette chienne de herse ! en vain voudrais-je
me décrocher, j'y suis cloué... Je ne sais vraiment pas
comme je me soutiens ici... Au fait, c'est une chose
inexplicable que le hasard ; il a bien créé le monde ;
il n'est pas étonnant qu'il joue des tours de cette
façon ; mais précisément à moi, voilà quelque chose
d'inouï : il y tant de pauvres diables à qui cela pourrait arriver cent fois... Voyons, vais-je crier au secours ? personne, sans doute, ne m'entendra à cette
heure ! Je suis certainement un homme perdu ; le
moins qu'il puisse m'arriver, c'est de tomber dedans,
et si je ne me noie pas, j'en attrapperai la fièvre ; on
n'en guérit pas à mon âge. Faut-il avoir été si longtemps heureux !... Et après cette vie, serai-je encore !
et si je suis encore ? diable, je vais en voir, si je suis ?
Dieu, Dieu ! y en a-t-il un, voyons ? Je ne le sens
pas, je ne le vois pas ; cependant je sens quelque
chose d'inexplicable, une influence mystérieuse qui est
plus puissante que moi et qui se joue de ma destinée.
Serait-ce le sort ? Mais le sort ne serait-ce point
Dieu ? Question épouvantable !... J'ai peur, oui, j'ai

peur de l'enfer... Ce mot a tant de fois retenti à mes
oreilles et dans mon cœur! Est-il possible que ce soit
une vaine illusion? Mais, non, il y a là quelque chose
de précis et de redoutable. Ainsi je vais être damné ;
ma fortune ne m'aura point fait échapper à cette conséquence de ma vie, et elle l'aura même aggravée !
Fatale destinée! Que devrais-je donc faire pour ne la
point mériter? Suivre sans doute les inspirations de
ma conscience, combattre mes passions ; être sobre,
chaste, point orgueilleux ni libertin. Il est bien vrai
que je n'ai rien fait de tout cela. Voyons · est-il trop
tard? Dieu doit être bon; il ne peut vouloir la perte
de ses créatures ; je puis donc encore être sauvé! A
quelle condition, cependant? Que je renoncerai à tout
mon passé? Mais cela m'est-il possible? vivre comme
un anachorète, me sevrer de toutes mes habitudes et
cent autres choses! Il est plus que probable que je ne
pourrai jamais me résoudre à un tel changement.
Mais l'enfer! Oh! quelle horrible alternative! Quoi
donc me tirera de là? Oui, je sens que je donnerais
une partie de ma fortune pour échapper à cette situation... du moins je pourrais jouir de l'autre en paix...
Et puis suis-je donc hors d'affaire, pour ce qui est de
cette maudite herse?... Suffit; si j'en réchappe, je

m'en souviendrai longtemps... Oh! s'il survenait seulement un passant!...

Ce passant tant désiré arriva enfin. Par un hasard miraculeux, c'était Karel, le valet favori de M. Kobe, et l'un de ceux qui avaient donné avec le plus d'entraînement dans ses doctrines, et qui lui étaient le plus dévoués. Il ne se doutait guère, le digne garçon, de l'accident lamentable qui affligeait son patron ; et, insouciant comme un homme qui se sait son pain cuit et sa soupe apprêtée, il se laissait bercer mollement à l'allure de ses bœufs, sifflant par manière de passe-temps et entremêlant de temps à autre cette intéressante occupation d'un coup de fouet d'habitude et d'un encouragement facétieux au quadrupède qui le portait. Tout à coup il tressaillit et prêta l'oreille; il lui sembla avoir entendu prononcer son nom ; et de fait il ne se trompait point, car une voix répéta. avec un accent de plus en plus pressant :

— Karel! Karel!

— Karel!.. Eh bien! le voilà ; après?

La même voix, qui paraissait sortir des entrailles de la terre :

— O Karel! c'est ma bonne, chance qui t'envoie; j'allais mourir, mon garçon... Viens me tirer d'ici.

Mais cette voix était tellement étranglée par la douleur que Karel ne la reconnaissait pas. Il avait pourtant arrêté son attelage et allongeait le cou pour voir,
mais sans succès. Un homme plus avisé que le digne
garçon de ferme n'aurait certainement pas soupçonné
l'étrange événement que cette voix révélait.

—Que le diable vous confonde! Crie-t-on ainsi sans
se faire voir ? Montrez-vous, au moins.

—O Karel, le puis-je? vois dans quelle position
critique je suis ici.

—Hé! non, je ne vois rien ; qu'est-ce que vous
voulez?

—Que tu me tires d'ici, mon garçon.

—Il faudrait d'abord savoir où vous êtes... Mais
tout cela est encore un tour comme celui où l'on m'a
fait voir l'âne blanc. Vous ne m'attrapperez plus, je
vous en avertis. Adieu, cherchez d'autres amuse-
ments.

— Karel, Karel, tu ne feras pas cela ; c'est moi,
ton maître, cria enfin la voix, avec un accent si
désespéré qu'elle parvint à faire constater son iden-
tité.

— Comment ! Baës, est-ce donc vous, exclama
Karel, dont le premier moment fut tout à la compas-

sion. Qu'est-ce ? Que faites-vous là ? Où êtes-vous ?

— Par ici ; es-tu sourd, ou les oreilles te cornent-elles ?

Karel suivit cette fois des yeux la direction de la voix, et les bras lui tombèrent de stupeur en reconnaissant son patron.

— Oh ! miséricorde, Baës ; êtes-vous ensorcelé, Baës ?.. Hé bien ! voilà une étrange aventure !.. Mais comment diable avez-vous fait pour vous laisser aller là dedans ?

— Le sot ! ne vois-tu pas que c'est le sort...

— Ah ! oui ; ça vient on ne sait comment, et le pis, c'est qu'il ne choisit pas son monde. Mais qu'allez-vous faire pour sortir de là ?

— Ce que je vais faire, s'écria M. Kobe en colère ; j'espère bien que tu vas m'aider.

— Hum !.. je ne demande pas mieux, mais... Attendez... je vais voir un peu comme je m'y prendrai.

Le fait est que le pauvre diable arrivant au fait et au prendre, était visiblement embarrassé. Le Baës se trouvait vers la rive opposée, et l'on ne pouvait le saisir sans risquer de se mouiller. Que le lecteur se figure un chien de chasse poltron, en présence d'un gibier qui vient de tomber à l'eau : il court çà et là

avec empressement, avance, recule, aboie, et finalement ne peut se décider à se jeter à la nage. Ainsi
était Karel. Le Baës comprit son embarras.

— Hé ! faut-il tant chercher, dit-il. Descends simplement à l'eau, tu me prendras sur tes épaules.

Le drôle se souciait peu de la commission, et cherchait un faux-fuyant. Tout à coup une idée lumineuse
traverse son esprit. Il court à sa charrue, décroche
l'aiguillon et revient triomphant.

— Attendez, Baës, tournez seulement un peu votre
dos par ici ; c'est cela... Je vais vous appuyer.... Ne
faites pas attention à la dureté de l'appui, au moins :
je n'ai pas choisi l'instrument.

Le Baës se laissa faire comme un enfant, et, grâce
au levier que Karel lui posa sous l'épine dorsale, il se
trouva effectivement soulevé un peu.

— Ah !!... que cela me fait du bien, s'écria-t-il, en-
chanté de sentir sa tête dans une position un peu moins
oblique. Tu as eu une excellente idée, Karel ; mais
n'appuie point si fort, mon garçon tu me crèves
les reins.

— Dame, vous êtes lourd, Baës, et le levier est
dur. Maintenant tâchez de vous retirer ; je ne puis
plus pousser plus fort, ou je tomberai à l'eau.

Le fermier essaya, mais vainement, de se décrocher.

—Hé !!! tu vois bien que je ne puis pas, nigaud ; descends donc à l'eau.

—Vous perdez la tête vraiment. Ne comprenez-vous pas que si je vous prends sur mon dos, vous allez m'accabler sous le poids, et que nous irons au fond de compagnie. Attendez, ne bougez plus, je vais vous poser à terre et j'aviserai.

En effet, l'ingénieux garçon posa l'autre bout du bâton sur la berge, et M. Kobe se trouva ainsi étayé au-dessus de l'abîme.

Mais bientôt la pression de son corps sur ce soutien peu moelleux lui causa une douleur atroce.

— Me tireras-tu de là, par tous les diables, hurla-t-il en serrant les poings ?

— Vous voyez bien que je m'en occupe. Faudrait pourtant pas être si fier, quand on a tant besoin des gens. Prenez patience, je passerai de l'autre côté, et je vous tirerai si je puis.

Karel s'était enfin aperçu que de l'autre bord du fossé il pouvait aisément saisir le naufragé et l'amener en terre ferme. Le point était donc de franchir le fossé qui avait six pieds de large. Karel le mesurait des

yeux et tâchait de se familiariser avec cette immen-
sité, mais la chose n'était pas facile. Tout à coup,
par un prodigieux effort, il surmonte sa crainte et
part comme la foudre. Déjà le héros a fourni une
partie de la carrière, il va triompher... Hélas ! une
terreur folle, irrésistible le saisit soudain et porte la
déroute dans ses esprits ; sa vue se trouble, ses jarrets
se détendent, toute sa vigueur s'anéantit ! Cependant
le voilà au bord de l'abîme ; mais il n'a plus conscience de ses actions. Une sorte de rage désespérée
le pousse en avant, il saute !... Il saute, ou plutôt se
précipite lamentablement au milieu du fossé. Ce fut
un bruit affreux, accompagné d'un remou énorme, qui
fit vaciller le père Kobe et ses étais.

— Que fais-tu là, misérable, exclama celui-ci ; as-
tu résolu de me jeter dedans ?

Cependant Karel, un pied d'eau sur la tête, bar-
botait dans le fleuve, sans trop se reconnaître. Le
manque d'air surtout se faisait sentir à sa vigoureuse
poitrine, et son souffle puissant faisait jaillir d'innombrables douches sur le visage toujours suspendu de
maître Kobe. Celui-ci trouvait le rafraîchissement
fort désagréable et pestait contre cette nouvelle misère,
sans que son esprit, qui ne se trouvait pas dans un

état beaucoup plus brillant que son corps, comprît parfaitement la gravité de la situation générale. Cette situation n'était point gaie, et elle inclinait au tragique. Karel, en quête de sa route et principalement d'un point d'appui, faisait au fond de l'eau certaines excursions qui menaçaient beaucoup le système d'équilibre en vertu duquel le Baës se maintenait encore à sec. L'une d'elles lui réussit : sa main gauche, sentant quelque chose de dur à fleur d'eau, s'y accrocha convulsivement : ce fut le signal de la catastrophe. La herse, car c'était bien cela, perdant son centre de gravité, les étais, Karel, M. Kobe, le tout s'écroula au fond de l'abîme.

Il y eut pendant un moment un tumulte effroyable ; des bras des jambes qui se heurtaient, des cris étouffés, un juron parfois, lorsqu'une tête reparaissait audessus de l'eau. Enfin, le calme se fit jour. Karel avait regagné le bord ; pour le Baës, il gisait la tête hors de l'eau, les épaules appuyées sur le talus du fossé, les yeux démesurément ouverts ; grelottant, essoufflé, trempé, mais du reste décroché. Karel lui tendit la main, et s'aidant autant que ses pauvres membres endoloris le lui permettaient, le naufragé regagna le bord. Là il s'assit.

—Vois-tu Karel, dit-il. lorsqu'il fut parvenu à retrouver la parole ; tout ceci passe mon intelligence. Cette aventure n'est pas certainement au nombre des choses possibles, je veux dire probables. Comment à l'avenir se mettre en garde contre de pareils coups ?. C'est bien inquiétant...

— Le sort, Baës, le sort, répliqua Karel, un peu goguenard ; qu'avez-vous à opposer à cela ?

. — Rien, malheureusement. Mais je crains bien que cela ne soit qu'un mot, — un de ces mots vides de sens dont l'esprit se paye bien vite, de peur de voir et de comprendre, — et que derrière il n'y ait la chose, c'est-à-dire une influence mystérieuse et redoutable, une puissance quelconque qui s'ingère victorieusement des destinées de l'homme. Voici précisément ce que je voudrais savoir : quelle est cette puissance, sa nature, son pouvoir ? C'est une grande question, Karel, ajouta le Baës tout pensif.

— Oui, Baës, très-grande.

— Une puissance à laquelle l'homme serait soumis corps et âme : dont il faudrait subir la domination, accepter les châtiments. Ne trouves-tu pas que cela déflorerait singulièrement la vie et diminuerait nos joies de beaucoup ?

—Parlez pour vous. Les vôtres, je ne dis pas ; mais, moi qui porte le bât et bois de l'eau, qu'aurais-je à craindre cette puissance ?

— Karel, tu es un véritable égoïste. Un bon serviteur prend souci jusque des plaisirs de son maître. Comprends-tu donc qu'il me faudrait réformer ma vie tout entière et donner un démenti à tout mon passé.

— Ma foi, votre santé serait meilleure, voilà tout. Ce gain vaudrait bien la perte.

— Karel, tu attraperas quelque chose, si tu parles encore ainsi... Ne sais-tu pas, nigaud, que j'ai bien plus d'esprit que toi ?...

— Quand l'aveugle rêve qu'il voit, il voit ce qui lui plaît, répondit flegmatiquement Karel.

— C'est le monde renversé ! exclama douloureusement M. Kobe. Voilà l'âne qui se revêt de la peau du lion.

—Si j'avais cette prétention, je ne choisirais pas la vôtre ; car ce ne serait que vous ôter un masque pour m'en affubler.

— Karel, tu deviens raisonneur, je pense. Hélas ! il est trop vrai que l'esprit de révolte et d'indépendance se propage jusque dans nos campagnes. Ce n'est plus comme autrefois, où le serviteur était moins le rival, l'envieux, que l'ami, le commensal de son maître.

— Autrefois, Baës, le maître croyait en Dieu et pratiquait sa loi ; aujourd'hui, il apprend à son valet à secouer le joug de la foi. Pourquoi vous étonner que celui-ci, à son tour, secoue le joug du maître ? Prétendez-vous mériter plus de respect que Dieu ?

— Dieu... voilà donc le mot lâché ! Crois-tu en effet à Dieu, Karel ?

— Je n'en sais rien, répliqua Karel d'un ton bourru.

— Le doute est au moins singulier.

— Oui, parlez-en à votre aise, lorsque c'est vous qui m'avez mis dans ce bel état. Voyez-vous, vous avez tendu dans mon esprit tant de toiles d'araignées, que tout s'y empêtre et s'y embrouille. Non, je n'en sais rien, si je crois en Dieu. J'y croyais autrefois, mais vous y avez mis bon ordre avec vos plaisanteries stupides, vos sarcasmes et vos exemples ! De dire maintenant si je suis un homme ou une bête, un être responsable ou un vil animal, non, voilà une chose qui n'est plus en mon pouvoir.

— Hélas ! en sais-je plus que toi, mon pauvre garçon ; tu me vois moi-même embarrassé.

— Aveu bien tardif ! Tel n'était pas votre langage lorsque vous tentiez de me séduire et que vous soute-

niez, le verre en main, que Dieu n'est pas, que la
religion est une chimère et que les prêtres sont des
imposteurs. Vous étiez alors au faîte de la puissance
et dans tout l'orgueil de la vie ; vous parliez avec la
triple insolence de la santé, de la richesse et du bonheur ; l'image d'un avenir vaste, indéterminé, le sentiment orgueilleux d'une longue et puissante vitalité
remplissaient votre cœur d'une confiance irréfléchie.
Vous insultiez à des croyances dont vous croyiez les
menaces encore lointaines, et dont votre orgueil d'ailleurs, ni vos passions ne pouvaient s'accommoder.
Mais maintenant que le malheur vous saisit, que
votre félicité s'est évanouie comme un songe, que la
douleur a enfin posé son empreinte sur ce corps in-
vulnérable, la peur vous gagne, vous tremblez et vous
jetez avec effroi un regard vers l'avenir !... Mais l'avenir pour vous est plein d'embûches et de ténèbres,
car vous avez éteint en vous-même le flambeau qui
pouvait y jeter un jour victorieux, la foi !.. N'est-ce
pas là une philosophie admirable, que celle qui ne
brille que dans la prospérité et qui s'obscurcit tout à
coup et s'éteint au souffle du malheur? Cela valait bien
la peine de ruiner mes croyances et de perdre vous-
même les vôtres !

Pas de réponse. M. Kobe tenait la tête basse et son esprit était sous le poids de ces arguments comme un poussin pris dans les serres d'un faucon, et faisant de vains efforts pour échapper à une étreinte irrésistible. Cependant l'orgueil tenait toujours et le vaincu, qui ne voulait point se rendre, cherchait péniblement dans sa vieille artillerie cent fois victorieuse ces raisonnements péremptoires qui n'avaient jamais laissé Karel de sang-froid. Mais à chaque effort intérieur son esprit faisait long-feu, et le projectile restait en chemin. En quoi il fut bien forcé de s'avouer que ses idées à lui s'étaient considérablement modifiées, ou, — remarque non moins affligeante, — que son esprit avait sensiblement baissé. Il changea alors de tactique et essaya encore de manier l'arme puissante qui lui avait tant de fois réussi, l'ironie.

— Il est vraiment regrettable, Karel, dit-il en s'efforçant de prendre un ton goguenard, qu'il ne te soit jamais venu à l'esprit d'entrer au séminaire : tu aurais fait un excellent prédicateur. Poursuis, mon garçon, j'admire fort ton éloquence.

— A quoi bon mettre des lunettes au hibou qui ne peut point voir, dit Karel dédaigneusement. J'ai assez parlé ; faites-en votre profit, si faire se peut.

— Serais-tu tout de bon redevenu chrétien, Karel?

— Puissiez-vous dire vrai ! mais il n'en est rien : je suis ce que vous m'avez fait, non ce que je voudrais être. L'impiété est un abîme profond ; la route est longue et dangereuse pour remonter à la surface. Oh ! non, Baës, la foi ne s'obtient pas sur un simple désir : il faut la conquerir et la mériter. Mais pour la mériter, il est nécessaire de rompre avec une foule de choses que je ne suis pas pressé d'abandonner.

C'était bien l'opinion de M. Kobe, et il ne put s'empêcher de dire en soupirant :

— Tu pourrais bien avoir raison, Karel ; mais quelle fatale destinée nous a donc fourrés dans cette impasse ?..

— Autant vaudrait demander à un homme qui s'est jeté à la rivière pourquoi il est au fond de l'eau. Voyez-vous, Baës, vous perdez jusqu'au bon sens, jusqu'au simple bon sens vulgaire, qui est comme la monnaie courante de la vie humaine, et que le pauvre paysan craignant Dieu possède mieux que vous et vos philosophes. Vous demandez qui vous a entraîné dans ce carrefour ignoble où vous restez embourbé? Qui ? vous-même. Vous étiez bien libre, je pense, d'accomplir vos devoirs de chrétien, de respecter des choses

respectables, la décence, le culte, les bonnes mœurs ;
de ne boire point comme un ivrogne ; de ne point
faire un dieu de votre ventre, et de mettre bonne
garde à tous vos sens ?...

— Mais...

— Point de mais ; je ne sors point de là ; c'est votre
faute et voilà tout. Nous aurions cru, si la foi n'avait
contrarié nos penchants ; nous eussions aimé Dieu, si
nous-mêmes ne nous étions aimés démesurément, et
nous l'aimerions encore si nous voulions guérir. Le
voulons-nous sérieusement ? Loin de là : nous fris-
sonnons à la seule pensée de perdre nos plaisirs ; un
vide affreux se fait soudain en nous-mêmes, et la vie
n'a plus de charmes pour nous ; cependant nous trem-
blons de la perdre, et c'est alors que naît une crainte
nouvelle, bien plus terrible que les autres, l'enfer !
Dites-le, qui a mis cela en nous, si ce n'est le sentiment de nos iniquités ? Et pourquoi aussi, devant cette
formidable menace qui laisse si peu d'hommes dans
leur révolte, demeurons-nous superbes et hautains,
durs à la grâce, faibles et lâches en face de nos passions toutes-puissantes ?... N'est-ce pas que l'habitude
du mal nous a faits d'une autre nature, d'une nature
perverse, inaccessible à la vérité ?..

— Hélas! mystère, mon pauvre Karel, s'écria le Baës d'un ton lamentable; tout est mystère dans la vie, et l'homme lui-même est une énigme dont la clef n'existe pas!...

— Cela vous plaît à dire, mais heureusement ce n'est pas vrai. Elle existe, cette clef; et je sais bien où elle se trouve, moi, si j'avais le cœur de l'aller chercher.

— Où donc, demanda M. Kobe avec empressement.

— A l'église et pas ailleurs. Le curé en sait plus là-dessus, à lui seul, que tous vos gros tomes que vous ne lisez jamais. Voyez-vous, Baës, bon sens tard venu est aussi sagesse; si j'étais à votre place, j'irais trouver notre curé, — et je parle autant pour moi que pour vous-même, car je suivrais votre exemple, — et j'entamerais l'affaire hardiment, sans biaiser. De vains préjugés ni un sot respect humain ne m'arrêteraient plus; tous mes discours arriveraient franchement à cette conclusion : pouvez-vous m'éclairer, ou ne pouvez-vous pas? Et si, comme c'est probable, il parvenait à porter le jour en mon esprit, je prendrais alors une résolution vigoureuse : je renverserais d'un coup généreux tous ces obstacles plus apparents que réels

qui nous embarrassent le chemin et je remettrais vite
la barrière à l'ancien poteau, à ce poteau inébranlable
de la foi qui nous a préservés jadis, et qui aurait bien
encore la même vertu. Et c'en serait fait pour jamais
de vos doutes et de vos terreurs!...

Karel avait prononcé ces paroles avec feu, et il y
attachait une certaine espérance, car son regard
suivait avec anxiété l'impression qu'elles produisaient
sur la physionomie de son maître; mais cet éclair
de courage qu'il appelait avec tant de franchise et de
bon sens, ne parut pas, et la figure du Baës demeura
terne et sans vie.

— Ton conseil est peut-être bon, dit celui-ci,
après un long silence; mais je crains bien de n'avoir
jamais le courage de le suivre. Ah! je suis un homme
bien malheureux, Karel!

— Oui, vous avez bonne grâce à vous plaindre,
vraiment! s'écria Karel indigné. Suis-je plus heureux, moi?.... Vous auriez pu me laisser ma foi:
c'était mon seul bien. Mais non; il ne vous a pas
suffi de vous perdre vous-même; vous m'avez aussi
enveloppé dans votre ruine. Et aujourd'hui que,
désabusés l'un et l'autre de nos illusions, un effort
généreux pourrait nous relever tous deux, cet effort,

vous refusez de le faire ! Ah ! c'en est donc fait pour
jamais de mon bonheur et ma tranquillité ! Je n'ai
même pas le triste dédommagement qui vous reste,
celui de jouir et d'abuser de la richesse. Oui, voilà
bien ce que le riche impie a fait du pauvre : un
misérable en proie à toutes les infortunes sans consolations, et à toutes les douleurs sans espérance !
Bourreaux ! poursuvit Karel avec rage, qui nous
vouez, sans pitié pour tant de maux que nous avons
d'ailleurs, à toute l'amertume de l'indigence morale,
puissiez-vous trouver un jour un châtiment digne
d'un tel crime !,..

Cette violente apostrophe, lancée ainsi à bout
portant et comme un projectile, terrassa M. Kobe.
Il garda le silence ; mais non plus ce silence de
dépit d'un homme qui ferme obstinément les yeux à
à la lumière ; il se taisait comme un homme qui a
plus de choses à penser qu'a dire. Les paroles qu'il
venait d'entendre étaient une révélation nouvelle et
victorieuse, une conséquence bien des fois prévue,
mais toujours méprisée jusque-là, d'une conduite
coupable envers le prochain et entachée d'un épouvantable égoïsme. Le mal d'autrui, que l'amour qu'il
avait de lui-même, l'avait toujours empêché de consi-

dérer, lui faisait maintenant une impression nouvelle
et inattendue. La vérité lui apparaissait enfin, avec
les attributs funestes dont les résultats l'environnaient
comme d'un réseau inextricable. Notre héros devait
l'éprouver tout entière. Il avait été, en effet, trop
fortement ébranlé par les incidents de cette journée,
et par l'étrange perturbation d'idées qui en avait été
la suite, pour ne point faire un retour complet sur
lui-même et pour ne s'éclairer point à la lueur de
ses souvenirs. Dégrisé de l'ivresse du bonheur, livré
à lui-même, et privé de cette force artificielle que
donne le succès, il se retrouvait tel qu'il était réelle-
ment, faible, lâche, corrompu, avec tous les défauts
qu'une incroyable illusion avait dérobés à son esprit.
ou plutôt que sa mauvaise foi à son égard, lui avait
fait se dissimuler. Cette effrayante conviction le
plongea dans une rêverie amère, que ne put même
interrompre le malaise de sa situation actuelle. Il essaya
alors de faire diversion à ces idées noires, en s'arrê-
tant sur un de ces objets de gain, sur une de ces
choses qui autrefois avaient le pouvoir de l'occuper
fortement: mais il ne put. Tout lui semblait changé :
ce qui autrefois excitait le plus ardemment ses désirs,
maintenant n'avait plus aucun attrait pour lui. Comme

un cheval devenu tout à-coup rétif, pour une ombre
qui a frappé sa vue, la passion refusait d'avancer.
S'il songeait aux plaisirs qu'il jugeait encore à sa
portée, aux jouissances que sa fortune lui mettait
sous la main, il éprouvait une sombre tristesse,
il s'étonnait de rester froid et désespéré!....
Toutes les heures à venir lui paraissaient semblables
à celle qui pesait sur sa tête si lourde et si douloureuse. Le temps apparaissait à son imagination frappée, vide de tout intérêt, de tout vouloir, plein seulement d'ennuis et d'insupportables souvenirs. En
remontant, bien loin derrière lui, d'année en année,
de faute en faute, d'entreprise en entreprise, consi-
dérant dans le détail sa vie souillée par d'innombrables
prévarications, chacune de ses actions lui apparaissait
isolée des sentiments qui l'y avaient déterminé, et la
lui avaient fait commettre ; elle lui apparaissait sous
un aspect monstrueux, que ces mêmes sentiments lui
avaient dérobé alors. Toutes lui appartenaient bien,
hélas! elles étaient sorties de sa libre volonté ; c'était
la conséquence de son état moral, c'était lui tout
entier, c'était sa vie? L'horreur de cette pensée qui
s'accroissait à chaque instant de ces souvenirs, et qui
en était inséparable, alla progressivement jusqu'au

désespoir. Il en vint alors à regretter de n'avoir pas
trouvé, dans sa dernière aventure, la fin de ses
maux. Mais presque aussitôt un doute le saisit, ou
plutôt l'horrible fantôme qui l'avait plusieurs fois
effrayé, pendant cette fatale journée, reparut de nouveau. « Si pourtant, se dit-il, cette autre vie dont on
m'a parlé dans mon enfance, dont la notion persis-
tante n'a jamais disparu de mon esprit, dont l'Eglise
atteste la redoutable existence, et à laquelle se rattache tout un ordre de devoirs que j'ai méconnus et
sacrifiés à d'indignes plaisirs ; si cette vie, dis-je, est
une réalité !!!...

A un tel doute, à un tel risque, il fut saisi d'un
désespoir encore plus sombre, encore plus déchirant,
et contre lequel il ne pouvait même pas trouver un
refuge dans la mort. Au contraire, l'idée de la mort
le saisit d'une inexprimable angoisse, et il se rappela
en frémissant les dangers qu'il venait de courir, ceux
auxquels sa position l'exposait encore. Il essaya alors
de se lever ; mais son corps, roidi par le froid, se refusait à tout mouvement, tandis que sa volonté, brisée par
tant de souffrances, pliait lâchement sous le poids de
cette situation.

Tels étaient ses sentiments, au moment de la conversation dont le lecteur a pu saisir quelques lambeaux, et qu'interrompit l'arrivée de Jean.

Celui-ci, avons-nous dit, s'était avancé avec empressement, prévoyant qu'il y avait là un acte de charité à accomplir. Le Baës baissa les yeux et rougit devant le regard compatissant du vieillard ; mais cette honte n'attendrit pas son cœur, ni ne le porta à la bienveillance. Le méchant est farouche et sauvage jusque dans le malheur ; et de même que son bonheur fut égoïste, l'infortune, en lui, est défiante, envieuse et atrabilaire.

— Je suis vaincu, n'est-ce pas, s'écria-t-il avec une ironie amère ; et tu vas triompher !

— A Dieu ne plaise, Baës, répondit Jean, que je me réjouisse de votre malheur ; la fortune avait mis entre nous une barrière infranchissable ; l'infortune nous rend frères. C'est par le malheur que les hommes sont égaux et qu'ils se rapprochent.

— Et si je n'accepte pas, moi, cette fraternité, si je m'inscris en faux contre cette prétendue égalité que tu viens orgueilleusement invoquer, que deviendront ces sentiments ?

— Je m'efforcerai alors d'éloigner l'idée que vous n'êtes pas encore assez éprouvé, que la main de Dieu ne s'est pas appesantie sur vous encore, au point de vous porter à résipiscence ; puis, je ferai en sorte de compatir à vos maux, sinon à vous-même. Peu importe au chrétien les sentiments de ceux qu'il est appelé à obliger : sa pensée s'élève plus haut que l'espoir de la stérile reconnaissance des hommes.

— Hélas ! voilà bien le coup de pied de l'âne!..

— Vous n'êtes pas lion, Baës.

— Ta charité, pourtant, ressemble fort à du dédain...

— Selon l'opinion exagérée que vous avez de vous-même, oui, peut-être ; mais je ne puis vous attribuer que l'importance réelle que vous avez aux yeux de la raison et de la foi, — et elle est grande, quoique d'une autre grandeur que celle que vous êtes enclin à estimer, — c'est-à-dire la valeur d'une âme rachetée du sang de Jésus-Christ. Ce que j'aime en vous ce n'est ni votre orgueil, ni votre condition dans le monde ; ce n'est point l'homme artificiel et bouffi, tel que le siècle l'a fait ; c'est votre âme, votre âme envers laquelle j'ai des obligations de confraternité, et des devoirs à remplir. Voilà ce que je voudrais secourir,

— Ce ne sera pas chose facile. Il est fort douteux

que tu puisses éclairer un horizon où je ne prévois que la tempête.

— La tempête n'est que dans votre cœur ; portez-y le calme, et cet horizon menaçant se dissipera.

— Tu l'as dit : la tempête est en moi ; mais elle est aussi dans les influences qui président à mes destinées. Un souffle désastreux mugit autour de moi, et renverse jusqu'aux premiers éléments de ma tranquillité. Ma vie n'est plus qu'une longue douleur, qu'une amère dérision. Pourquoi l'homme est-il malheureux ? pourquoi le suis-je ? pourquoi d'autres ne le sont-ils pas ? Je souffre et gémis, tandis qu'une foule d'êtres se réjouissent et se sentent vivre ; toi-même, tu passes paisible et serein sur ce même chemin qui est pour moi un théâtre de douleur ! Tout, jusqu'à la nature brute et matérielle, me présente ce spectacle insolent du bonheur auprès de mon infortune. Vois, l'oiseau sommeille sous le feuillage, l'insecte repose au sein des fleurs, les arbres mêmes sont immobiles au milieu du silence et du repos universels ; moi seul patis, moi seul semble être le jouet d'une destinée maligne ! Pourquoi cette dissonnance ? Pourquoi aussi cette anomalie est-elle imposée au seul être qui puisse la sentir et en souffrir ?...

— Pourquoi aussi le seul être qui, sur la terre, puisse rendre hommage à l'ordre, en comprendre le principe, le créer dans son cœur et l'y maintenir par sa sagesse, est-il le seul qui le détruise en lui-même par l'instabilité de ses désirs, et autour de lui par les effets mauvais qui ressortent de ses actions? Tout est là. La nature est paisible, mais elle suit les lois que Dieu lui a imposées ; l'homme est dans le désordre, parce qu'il s'est placé de lui-même en dehors de l'ordre : voilà la différence. Sondez votre cœur et éprouvez-vous vous-même, vous y trouverez l'origine secrète des maux qui vous affligent. Le bien est le fruit de la vérité : il est dans l'homme en proportion de la vérité qui l'inspire ; l'effet ne peut être différent de sa cause, et une cause mauvaise ou insuffisante ne peut produire que des conséquences analogues. Vous trouvez dans la vie de l'homme, entre l'homme et son semblable, des anomalies, des contrastes profonds, une grande diversité parmi les destinées ; mais cette diversité est celle du bien et du mal, de la vertu et du vice, de la folie et de la raison, qui se poursuit jusque dans les effets de toutes ces causes. Il y a au fond de tout cela deux principes opposés qui produisent des conséquences nécessairement dissemblables.

— A t'entendre, je n'aurais donc que trop mérité les maux dont je souffre?

— Je ne dis pas cela : le malheur n'est pas toujours une preuve évidente de culpabilité; ce n'est quelquefois qu'un avertissement, qu'une précaution hygiénique, si vous voulez, par laquelle la divine Providence préserve l'homme de maux plus grands, en le dérobant aux dangers d'une félicité trop prolongée. Mais ce n'est là que l'exception : le malheur en général est l'effet de la situation morale de l'homme, l'expansion au dehors du mal qui trouble sa vie intime. Et cela, par plusieurs raisons également concluantes : il faut bien d'abord que vous reconnaissiez une sanction, une pénalité attachée aux lois de votre conscience, qui sont la règle et à la fois l'égide de votre vie ; la violation qui est un désordre, doit naturellement appeler un châtiment qui rétablisse l'ordre; c'est la condition essentielle de toute justice, et vous ne la refuserez pas à celle de Dieu, quand vous l'admettez pour celle des hommes. Voilà donc une source toute naturelle de maux, et hélas ! intarissable. En second lieu, il y a, dans les rapports de l'homme avec la nature physique et avec ses semblables, des lois à observer aussi, une sagesse dont le mépris emporte tout une autre série de peines :

l'intempérance détruit la santé ; l'égoïsme appelle la haine des hommes ; l'imprudence des désirs et des actions est la source d'une multitude de mécomptes ; mille passions insensées déplacent les conditions de la vie, et la soumettent à une foule de chances défavorables. Enfin, dans ses rapports avec lui-même, l'homme à des devoirs encore à quoi son bonheur est également subordonné ; sa conscience sera plus ou moins paisible, selon son état d'innocence ou de péché ; il pourra jouir avec plus ou moins de faveur de la paix intérieure attachée à la présence de la vertu ; il pourra avoir remplacé en lui la vérité par l'erreur, la certitude par le doute, la sobriété des désirs par l'intempérance d'une âpre convoitise ; il pourra s'être mis, par l'exercice illogique de sa liberté morale, dans une situation telle que le bien lui paraisse le mal, et *vice versa ;* que les premières notions de la raison et du bon sens soient dénaturées dans son esprit au point qu'il vive au hasard, flottant à tout vent de doctrine, sans principes, sans règles fixes pour ses mœurs, sans espérance de la vie future, et sans garantie contre ses menaces !... Lors donc que, par la faiblesse de sa volonté, par l'influence de l'orgueil et des passions, l'homme s'est placé dans l'un des cas que je viens d'énumérer, ou même dans tous, ce qui n'est pas rare, pourquoi s'étonner qu'il soit malheureux, qu'il soit le jouet des pensées les plus contradictoires? Dans la vie morale, n'a-t-il pas détruit le critérium qui discerne le vrai, le bon, le bien, toutes causes de bonheur ; et dans la vie physique, n'a-t-il pas renversé ce frein salutaire, l'influence de la conscience chrétienne qui seule pourrait faire obstacle au torrent de ses mauvais désirs? Comment donc concevoir qu'une vie ainsi déplacée et détournée de sa source soit heureuse et paisible?.. Ou je me trompe, Baës, ou voilà bien votre fait. Pouvez-vous dire, en effet, que vous vous soyez maintenu dans la pratique de vos devoirs, au point d'échapper aux peines attachées à leur violation ?

— Non, mais j'en reviens toujours là : pourquoi me suis-je trouvé assez faible pour les violer? Pourquoi des devoirs, si l'homme n'a pas la faculté de les remplir ? C'est donc un piége tendu à sa faiblesse ?

— Permettez ; vous oubliez une chose fort essentielle. L'homme est faible, il est incliné à la corruption, c'est vrai ; il est séduit par les illusions de la vie, entraîné par la facilité du mal, c'est encore vrai ; mais aussi l'homme n'est pas abandonné à lui-même.

Dieu lui donne, par son Église, le secours nécessaire pour le soutenir dans le difficile combat de la vie, et pour lui assurer la victoire. Notre âme ressemble à un voyageur qui a besoin de lumière pour se guider dans la bonne voie, et de force pour avancer. Cette lumière et cette force, nous ne les avons pas de nous-mêmes ; mais Dieu nous les dispense : la lumière, par la loi que Jésus-Christ a apportée sur la terre ; la force par les grâces que nous a values son sacri-fice. Voilà le remède offert à cette maladie de l'âme qu'on appelle le péché, et à la faiblesse morale qui en découle : remède tout-puissant, parce qu'il pro-cède de Dieu lui-même, mais le seul, et sans lequel il faut mourir ; remède aussi dont vous n'avez point usé. Et vous gémissez sur votre faiblesse ! et vous y trouvez un motif de vous scandaliser ! Mais que diriez-vous d'un homme qui, dédaignant le secours de la médecine, ou les précautions de l'hygiène, préten-drait néanmoins se guérir d'une affection grave, ou conserver une santé robuste ? Qu'il est fou ! Eh ! bien, tout aussi insensé serait celui qui voudrait conserver son innocence et sa vertu, ou les recouvrer, sans le secours de cette médecine surnaturelle, qui est la grâce de Dieu. Et voilà précisément l'absurdité où vous êtes tombé, avec tous les libres penseurs, d'appeler l'homme à la vertu sans l'aide des moyens par lesquels seuls la vertu est possible ! Autant vaudrait demander à un paralytique de courir, ou à un sourd d'entendre.

— Tout cela aurait quelque sens, si ces grâces n'étaient pas à des conditions telles, qu'il est impossible de les obtenir.

— Ce ne seraient plus des grâces, alors ; cela ressemblerait fort à ces beaux systèmes que créent spéculativement vos philosophes : séduisants et magnifiques en théorie, mais chimériques et irréalisables dans la pratique. La vérité de Dieu est plus simple et aussi plus efficace. Mais croyez-m'en, Baës, vous n'êtes pas dans une disposition d'esprit ni de cœur à comprendre le simple mécanisme de ces rapports de l'homme avec Dieu : trop de choses, et de trop grandes misères vous obscurcissent la vue : il est donc fort douteux que nous nous entendions. Cependant voici des faits : il y a eu, il y a toujours, par le monde, des âmes pures, des cœurs aimants qui, à l'aide de la grâce, ont brillé dans la vertu et les bonnes œuvres, qui ont su résister aux mauvais instincts de la nature déchue, et aux séductions du monde. Ces âmes, cependant, n'étaient pas d'une nature autre que la vôtre ; elles étaient comme vous enclines au péché, sujettes au mal ; elles ont failli plus d'une fois peut-être ; pourtant elles se sont relevées, et ont pu se maintenir dans la pratique de leurs devoirs. Quoi donc les a secourues? Un peu de bonne volonté, beaucoup de bonne volonté, dirais-je ; une prière sincère au souverain Dispensateur de la grâce. Elles ont joui tout simplement du bénéfice de cette parole proclamée par les anges, au jour de la naissance du Fils de Dieu : *Gloire à Dieu au plus haut des cieux, et paix sur la terre aux hommes de bonne volonté.* Et remarquez, il ne fallait pas même à ces âmes les lumières d'une intelligence supérieure ou cultivée, — il y en a, cependant, parmi elles et des meilleures qui les possèdent, ces lumières ; car ce qu'il y a dans l'humanité de grand et de noble, d'hommes d'un véritable génie et d'une vertu incontestable, a cru et a pratiqué ; — leur foi procédait d'un cœur pur, d'une droite intention, d'un désir sincère de connaître la vérité et de la suivre ; leur foi aussi venait de l'amour, elles aimaient Dieu. Quoi donc ! l'homme d'intelligence, dont la raison est développée par l'éducation, aurait moins de force,

d'énergie, de sens moral, que la pauvre femme
armée seulement de son chapelet, que le petit enfant
qui, dans la simplicité de son cœur, invoque le Dieu
des faibles! Hélas! oui, il est trop vrai! Mais
l'homme d'intelligence, — ce n'est qu'une conces-
sion, vous le voyez bien; il serait plus vrai de dire :
l'homme inintelligent, — mais le savant, le demi-
savant, le quart de savant, mais l'homme qui, au dire
de Bacon (1), ne s'éloigne de la religion que parce
qu'il n'est point savant, mais le fort selon le monde
a-t-il jamais imploré le Dieu clément avec un cœur
droit, avec une espérance sincère, avec la résolution
de s'amender, surtout avec le désir d'obtenir ce qu'il
demandait?... Répondez à cela, Baës.

— Si, par ce verbiage, tu entends des grâces dont
la condition serait la perte de ma liberté, non, je n'ai
rien fait pour obtenir un tel résultat.

— Voilà précisément le point. Ainsi ce n'est que
l'amour du mal qui vous a éloigné du bien, alors que
le bien vous était possible, et que vous n'aviez qu'à le
vouloir! Mais alors de quoi vous plaignez-vous? A

(1) Un peu de science éloigne de la religion ; beaucoup de
science y ramène.   (*Le chancelier* BACON.)

qui donc persuaderez-vous que vous avez eu la main
forcée?... Vous l'avez eue si peu, en effet, qu'au fond
vous vous sentez très-coupable, et que vous tremblez
des suites possibles de votre vie criminelle. Dites-
moi, éprouveriez-vous un tel sentiment, s'il était
loisible à l'homme de faire telle ou telle chose indiffé-
remment, de préferer ses aises à ses devoirs?..

— Je reconnais qu'il y a des devoirs, et j'avoue
même en avoir violé plus d'un. Mais où doit s'arrêter
la limite? C'est un point sur lequel nous pourrions
différer.

— Probablement. Mais êtes-vous bien sûr que
l'erreur qui vous a porté à mépriser les uns, lors
même que vous les admettiez, ne vous a pas
aussi dérobé l'existence des autres? Quelle mesure
de justice et de vertu, de modération et de volonté y
a-t-il en vous, pour déterminer vos obligations envers
Dieu, envers vos semblables, et envers vous-même?

— N'ai-je pas ma conscience, cette lumière intérieure qui est la règle des devoirs et des obligations
de l'homme?

— Belle règle, en vérité, puisque vous croyez
pouvoir la violer impunément, et par tel laps de
temps !... La conscience, oui, est une règle infaillible,

lorsqu'elle est éclairée, secourue des lumières et des grâces de l'Église, lorsqu'elle est formée par cet enseignement extérieur de la foi, seul capable de la redresser d'une chute lamentable, et de la diriger vers le bien ; mais abandonnée à elle-même, ce n'est plus qu'une force aveugle, capable de porter à tous les excès, et de faire commettre tous les crimes ; sans préserver l'homme d'ailleurs, du mal qu'elle même condamne, et qu'elle est impuissante à réprimer. Je pourrais à ce sujet invoquer le témoignage de l'histoire, qui est pleine d'exemples des plus monstrueux forfaits commis au nom de la conscience, et de faiblesses auxquelles la conscience n'a point trouvé de remède ; mais je me contente de m'en rapporter à votre propre expérience : interrogez-vous vous-même, et dites ce qui s'est passé au fond de votre cœur, en une foule de circonstances où les passions luttaient contre le devoir : est-ce que trop souvent ce n'était pas la conscience, ou tout au moins le mouvement déréglé à quoi vous donnez ce nom, qui tenait elle-même le drapeau du sophisme et de l'erreur? Est-ce que, bien des fois, ce n'est pas en son nom, alors que vous l'aviez pervertie, étouffée à un commerce prolongé avec l'erreur, que vous avez cru pouvoir justifier vos passions criminelles, et vos orgueilleuses révoltes? est-ce que, du reste, elle vous a jamais été d'aucun secours pour combattre le mal qui vous sollicitait! Est-ce qu'enfin elle a suffi pour vous maintenir dans la pratique de vos devoirs?... Loin de là, ses lois, pour si peu déterminées qu'elles soient d'ailleurs, à cause de la chute, sont prescrites en vous-même par une violation presque permanente : ce n'est plus qu'une législation en désuétude!... C'est encore une législation toutefois : car lorsque la lumière de l'Église y vient jeter sa clarté perçante, elle y réveille des notions de justice et de vérité qu'aucun sophisme ne saurait plus voiler. Mais alors, ce n'est plus la conscience proprement dite, et telle que vous l'entendez; c'est la loi nouvelle, la loi de grâce, qui vient s'ajouter à l'ancienne, et lui communiquer sa clarté et sa vertu divines. Ne me parlez donc plus de votre conscience, ou bien ne la séparez pas des lumières que le Fils de Dieu est venu apporter sur la terre, précisément pour la réformer et pour la diriger dans les voies de la justice et de la vérité.

Eh bien! à défaut de ma conscience, n'y a-t-il pas l'honneur, ma dignité d'homme?

— Qu'est-ce donc que vous ordonne votre dignité ?

— Elle me prescrit certains devoirs, certaines convenances ; mais elle me commande aussi de ne me livrer point à des pratiques puériles et niaises, à un fétichisme dégradant.

— Elle vous prescrit certains devoirs, je veux le croire, mais cela vous sert de peu, puisque vous ne les pratiquez point. Votre dignité ! ah ! voilà un bien beau mot, mais je le crains, un mot usurpé. J'ai encore le droit de vous demander quelles limites vous entendez lui donner, à cette prétendue dignité ! ne seraient-ce point celles de votre orgueil ? J'ai tout lieu de le croire. En quoi consiste, en effet, la vraie dignité de l'homme ! sans doute à se tenir dans les bornes du respect et de l'humilité que lui impose sa dépendance envers Dieu et envers la vérité : hors de là, ce n'est plus de la dignité, c'est de l'orgueil. Quelle est donc cette dépendance? Celle d'un obligé qui tient tout de ce grand Être, la vie, le bonheur, l'espérance; celle d'un être infirme et misérable devant une Majesté souveraine, toute-puissante ; celle d'un être pécheur devant la souveraine Pureté. Concevez-vous donc que l'homme doive être bien fier, dans une telle dépendance? La véritable dignité,

c'est-à-dire le devoir, ne doit-elle pas consister surtout dans l'humilité, dans l'anéantissement de l'être
tout entier, devant cette infinie Majesté ! Maintenant,
quelles pratiques trouverez-vous donc si respec-
tueuses, que votre importance ne les puisse accepter?

— Ce sera au moins celles auxquelles vous vous
soumettez, toi et les tiens. Je ne nie point toutefois
qu'il ne faille des pratiques, puisque l'homme est
soumis à Dieu, mais on doit les laisser à la libre
appréciation des intéressés.

— Alors dites bien vite que les intéressés n'en
prendront que ce qui conviendra à leurs goûts et à
leur faiblesse, c'est-à-dire aucune. Mais la vérité n'est
pas aussi commode. Nous avons envers Dieu des
devoirs placés à une hauteur plus immuable que la
fragile volonté de l'homme, plus dignes de la Majesté
adorable du Créateur, et il n'est pas donné à l'homme
de les rabaisser aux proportions de sa taille chétive.
Dieu a établi son culte en vertu de son autorité souveraine sur les hommes ; il l'a établi comme preuve
de sa bonté, comme marque de sa miséricorde, mais
principalement comme le témoignage de sa gloire et
de sa puissance, comme la forme par laquelle l'homme
est tenu de lui rendre hommage. Voilà un fait contre.

8.

lequel viendront éternellement se briser l'orgueil et
les passions des hommes. Ce fait, l'autorité de l'Église
et le témoignage de l'histoire ne l'établissent pas
seulement, la nature de l'homme, ses besoins, sa
faiblesse l'expliquent surabondamment. Ce n'est ici
ni l'heure ni le lieu d'entrer dans les considérations
innombrables et toutes invincibles qui militent en sa
faveur, je me contenterai d'une seule, tirée de votre
situation même. Est-il digne de la justice de Dieu
de créer l'homme pour le plonger dans l'état de
doute et d'indignité où vous gémissez maintenant?
Non; l'homme n'est point sur la terre pour cette fin
misérable; c'est un être essentiellement perfectible,
dont la vertu et la justice sont la condition nécessaire.
Eh bien! peut-il arriver de lui-même à la vertu et
à la justice? Poser cette question c'est la résoudre
négativement, et je ne crois pas qu'en présence des
faits de l'histoire et de sa propre expérience, il puisse
se trouver un homme assez insensé pour soutenir
l'affirmative. Où donc alors l'homme prendra-t-il la
force d'atteindre à ces sommets difficiles, ou simplement de se maintenir dans la voie qui y conduit?
En Dieu, vous répond l'Église, et avec elle le bonheur
et la sagesse des siècles; en Dieu, c'est-à-dire dans

les pratiques de son culte, qui est le canal par lequel il communique ses grâces aux hommes. Voilà entre mille autres raisons mieux dites et plus fortes, voilà pourquoi il y a des pratiques.

— Mais enfin, quelles sont-elles?

— Celles du catéchisme, rien de plus, rien de moins. La doctrine qui soutient et préserve le petit enfant, la faible femme, est aussi le pain des forts, la lumière des plus illustres génies ; car tous sont également soumis à Dieu, tous ont une âme rachetée au même titre, subordonnée aux mêmes besoins, inclinée aux mêmes faiblesses. Il faut en prendre votre parti, Baës, l'homme n'est qu'un homme, c'est-à-dire un être très-infirme, très-misérable, fort sujet à faillir, et par conséquent soumis à juste titre à une législation rigoureuse. Qu'il le veuille ou s'y refuse, il n'en est pas moins englobé dans cette immense multitude de justiciables dont le code est l'Evangile et toutes les conséquences catholiques qui en découlent.

— En sorte que je serais catholique malgré moi?

— Vous l'êtes d'obligation, sinon d'intention. Aucun sophisme ne peut vous soustraire à cette conséquence. Les lois de l'Église sont celles mêmes de votre conscience, œuvres du même Créateur, filles de la vérité

— La vérité selon toi ne serait pas ailleurs?

— Cette question n'est pas sincère ; vous en êtes convaincu aussi bien que moi. Que le jeune homme encore dans toute l'effervescence du premier âge, dans tout l'orgueil de la vie, rejette l'autorité de l'Église comme une entrave, et la méprise comme un frein, cela se comprend : son inexpérience le livre sans défense aux entraînements d'une imagination indisciplinée ; les mécomptes et les amertumes de la vie ne lui ont pas appris à estimer le bienfait des croyances consolatrices, ni les déboires de la fausse science à douter de la puissance du génie humain ; il n'a point éprouvé encore les durs revers des passions, comme aussi les amers désenchantements de l'orgueil n'ont point affligé son âme ; parce qu'il se sent fort et vigoureux, il bannit la crainte et tend les voiles de toutes parts à la révolte qui l'enfle et le conduit. Plus tard seulement il gémira de sa folie et pleurera ses tristes écarts. Mais que l'homme arrivé au terme de sa course après avoir épuisé la coupe de l'orgueil jusqu'à la lie, et vu fuir successivement toutes les illusions attachées aux opinions humaines, sans avoir pu asseoir, d'ailleurs, sur aucune base solide, le fragile édifice d'une moralité suspecte; que cet homme, dis-je, fourvoyé, éperdu au milieu de la confusion des doctrines qui l'entourent d'un réseau inextricable, persiste encore dans la mauvaise foi envers sa conscience jusqu'à étouffer les légitimes instincts qui le poussent à la vérité, et se refuse à cette vive lumière de l'Église qui le sollicite à fixer un regard désabusé sur les erreurs de son passé, il ne le peut faire que dans une de ces situations terribles où les miséricordes de Dieu sont épuisées, et où la perte est sans remède. Mais ce n'est le fait que d'un petit nombre de misérables qu'un orgueil diabolique a voués d'avance à l'enfer. Pour la plupart des incrédules, il y a un retour possible, et dont le temps est marqué à cette époque de désenchantement complet et d'épuisement où l'âme est saisie d'une sorte d'incapacité à se prendre encore aux illusions de la vie. Si alors l'orgueil et le respect humain, en apparence, confinent encore l'homme en un milieu hostile à l'Église, au fond son cœur il soupire après la foi qui seule pourrait adoucir ses regrets et calmer ses terreurs, tandis que son esprit, d'ailleurs, humilié de

défaites, et éclairé par ses épreuves, aperçoit enfin,
radieuse, dans un lointain d'où de honteuses chaînes
le tiennent encore écarté, cette fille du ciel, la vérité,
qu'il a haïe et méprisée, mais qui n'a point disparu
sous la risible persécution de son mépris et de sa
haine. Moment douloureux, il est vrai, plein de crain-
tives espérances et d'amers découragements, d'aspirations vertueuses et de honteux retours, mais à quoi
succédera pour les âmes de bonne volonté une période
finale de pénitence et de salut. N'est-ce point là,
Baës, la véritable espérance qui vous reste et la seule
après tant de ruines et de regrets, celle que ne
dissiperont point les inévitables déceptions du monde ?

— Hélas ! oui, peut-être, dit tristement M. Kobe ;
mais qui me donnera la foi, cette foi par laquelle
seule l'espérance fleurit dans notre âme ?...

— La foi est fille des œuvres, car la foi est une
vertu. Un seul moyen vous reste, mais il est efficace :
remplacer les œuvres d'iniquité qui ont éteint en vous
la lumière, par les œuvres de justice qui la rallume-
ront dans votre sein ; notre âme, pour arriver à la
sublimité de Dieu, doit être dégagée des sens ; voilà
votre but, et il faut y atteindre à tout prix. Que
gagnerez-vous à attendre, et quel avantage espérez-

vous encore retirer de votre incrédulité ? Voyez, Baës,
votre carrière est à peu près fournie, et voilà le
terme fatal qui approche, ce terme si prochain pour
tous les hommes, mais principalement pour le vieillard ! Qu'importe à votre vieillesse ce vain bruit
du monde qui éclate autour de vous, en fugitifs plaisirs, en lamentions et en larmes ! Ces stériles avor-
tements d'une agitation insensée, rajeuniront-ils ce
sang glacé qui déjà circule à peine, et redonneront-
ils leur première souplesse à ces nerfs détirés et
roidis déjà par l'approche du trépas? Plaisirs du
monde, convoitise des sens, vains et impuissants
efforts de l'homme avide qui ne saisit rien, mais
dernier et irrémédiable délire du vieillard, qui, leurré
par une incroyable corruption, s'agite encore après
d'impossibles jouissances, et ne saisit au bout de ses
inutiles désirs et de ses coupables incertitudes, que
l'horrible fantôme de la mort. Cet inévitable destin
l'appréhende au milieu de ses désanchantements et de
ses regrets, et vient ajouter à ce poids énorme d'infortunes, l'insupportable fardeau des horreurs de l'éternité ! L'éternité ! avez-vous jamais sondé la profondeur
formidable de cet abîme ouvert sous les pas de
l'homme, où chaque jour se précipitent des milliers

de victimes, où l'un et l'autre nous allons tomber demain! La vie glisse entre vos mains débiles, et rien de ce qui a fait les délices de votre jeunesse et de votre âge mûr ne subsiste plus ; tout a fui avec les années, plaisirs des sens, joies de la fortune, satisfaction de l'ambition, force, santé, tout! Qu'a donc encore à attendre ce débris d'homme qui déjà presque mesure la terre, tant le poids de la vie l'a courbé et humilié! Quelle garantie d'existence voyez-vous donc encore dans cette ombre qui chancelle, ivre d'une vie coupable, près de tomber à jamais dans les flammes vengeresses de la justice éternelle!!!... Y a-t-il cependant une ressource contre un danger si pressant, un refuge pour une telle ignominie?... Oui, mais dans le sein du Dieu des miséricordes, du Dieu assez pur, pour effacer et couvrir de son ombre toutes les souillures des hommes!...

— Oh! j'ai abusé de tant de grâces! s'écria M. Kobe avec une inexprimable amertume ; que veux-tu que Dieu fasse de moi?...

— Ce que Dieu peut faire de vous? Un signe de sa miséricorde et de sa puissance. Il peut tirer de vous une gloire qu'aucun autre ne pourrait lui donner!. Vous, contre qui le monde crie depuis si longtemps, vous qui avez scandalisé les faibles, perverti les ignorants, égaré toute une population ; vous qui vous êtes posé en ennemi de la gloire de Dieu, en contempteur de sa loi ; vous qui avez tiré votre gloire de votre bassesse même, et qui vous êtes fait un honneur de votre honte, Dieu peut vous précipiter à ses pieds, soumis et repentant ! Il peut changer les malédictions de tant d'êtres que vous avez perdus, en un cri d'admiration et de reconnaissance ! Il peut faire de vous un instrument de réparation, un apôtre de sa loi sainte ! Il peut transformer cette puissance funeste que vous n'avez employée que pour le mal, en agent de miséricorde ! Oh ! quand vous vous lèverez pour condamner votre vie passée, pour vous accuser vous-même ; oh ! alors, Dieu fera de vous un signe de sa gloire ! Et vous demandez ce que Dieu peut faire de vous ! ce qu'il peut faire de cette volonté si forte pour le mal, quand il l'aura animée, enflammée pour le bien, remplie d'espérance et de repentir ! Mais qu'êtes-vous donc, faible mortel, pour croire que vous ayez su imaginer et exécuter pour le mal des choses plus grandes que celles que Dieu peut vous faire vouloir et accomplir pour le bien ! Ce que Dieu peut faire de vous Et vous pardonner, et vous sauver, et accomplir en vous et par vous l'œuvre de la rédemption ! Ne sont-ce pas là des choses magnifiques et dignes de lui ? Oh ! voyez, Baës, si l'humble ministre de la religion, dont vous devriez aller sur-le-champ implorer le ministère, — que certainement vous serez heureux de trouver un jour, est prêt à vous recevoir, à vous entendre avec charité, avec amour, que dis-je, avec allégresse ; si cet homme que vous avez méprisé, injurié, persécuté peut-être, est pour vous un frère tendre et secourable, oh ! pensez quelle doit être la charité de celui qui en inspire une si vive, et combien vous aime Celui qui met un tel amour dans l'âme de ses serviteurs !...

— Juste le conseil de Karel, se dit M. Kobe en lui-même ; non sans remarquer combien cette idée, partie de deux points si opposés, avait de force par cela même.

Mais il n'avait pas eu besoin de cette dernière réflexion pour embrasser avec ardeur la vérité qui s'offrait à lui avec une telle évidence. Depuis long-temps déjà il était ébranlé, les dernières paroles du vieillard achevèrent de le convaincre. Sa figure jusque-là inerte et consternée, s'anima soudain d'une ineffable espérance, tandis qu'un feu nouveau, le feu d'une généreuse résolution, brillait dans son regard, et relevait son courage abattu. L'idée du bonheur, que dis-je, de la félicité inénarrable qu'il venait d'entrevoir dans cet horizon si nouveau pour lui, de la foi et de la charité, gonfla son cœur d'une émotion délicieuse: Pour la première fois peut-être depuis son enfance, — car le cœur de l'impie est fermé aux doux attendrissements, — des larmes coulèrent de ses yeux, des larmes de repentir, de reconnaissance et de bonheur. Dieu avait parlé par la bouche du simple; il avait parlé encore, par les événements singuliers qui avaient abattu le principal obstacle à son entrée dans cette âme, l'orgueil; un rayon de sa grâce était descendu jusque dans ce cœur fermé; il avait fait son œuvre, et il l'avait faite avec les moyens en apparence impuissants et fragiles, par lesquels il se plait à confondre l'orgueil des hommes.

M. Kobe se leva; ses vêtements étaient à peu près secs; la fièvre s'était dissipée avec la peur, et son corps, d'ailleurs réconforté par les sentiments nouveaux qui opéraient en lui, n'avait plus besoin d'aide. Il tendit la main à son adversaire.

— Je crois que je suis vaincu, Jean, dit-il; mais néanmoins je triomphe encore, car je viens de remporter la plus difficile des victoires : je me suis vaincu moi-même. Cette journée datera pour moi comme d'une ère nouvelle, d'une ère de repentir et de réparation. Béni, soyez-vous, homme charitable, qui n'avez pas craint de vous exposer à la défaveur que la vérité attire toujours sur ceux qui la professent, et qui avez si bien compris vos devoirs envers le prochain ! Ce sera désormais entre nous comme frères : l'orgueil des rangs s'efface devant l'humilité du chrétien.

Karel poussa un cri de joie et chercha son bonnet pour le jeter en l'air, mais il ne le trouva point. Il se mit alors à danser un rigodon des mieux conditionnés, accompagné de chants et de rires fous, jusqu'à ce que M. Kobe, impatienté de cette gaîté trop expansive, lui ordonna de continuer sa route, ce qu'il fit aussi lui-même, en compagnie de Jean.

— Adieu, paniers, vendanges sont faites, dit le facétieux valet, en manière de satisfaction, et non sans une légère pointe d'ironie à l'adresse de son maître. Mais, comme celui-ci trouva que ce mot résumait parfaitement la situation, il ne s'en fâcha pas, et, au contraire, il le répéta lui-même avec une gaîté qui témoignait combien il était satisfait de

l'heureuse issue de cette pénible affaire. S'il se glissa
encore quelque dépit parmi ses pensées, nous ne
devons pas en tenir compte ; il était submergé et
comme étouffé par un flot d'autres sentiments, et
purs, et généreux, et bienveillants qui remplissaient
son âme....

Très-cher lecteur, puissiez-vous n'avoir jamais à
subir les phases douloureuses par lesquelles l'âme
égarée revient à la foi, et rentre en possession de la
vérité ; car pénible est la route, et pénible le voyage
qui ramènent l'homme des bas-fonds de l'erreur aux
sublimes sommets où resplendit la vérité ; mille fantômes menaçants s'agitent autour de cette âme en
peine, et la remplissent de continuelles angoisses : le
doute, le respect humain, l'orgueil, de vieilles et honteuses habitudes, aussi chères, plus chères que la vie,
sont autant d'ennemis qui livrent à sa volonté affaiblie
de dangereux combats. Pourtant ce ne sont que des
fantômes, et ils disparaissent devant la résolution et
le courage, comme les formes fantastiques des buissons, le soir, s'évanouissent devant le voyageur intré-
pide qui marche hardiment en avant : les regarde-t-on
d'un œil ferme, elles ne sont plus ; elles n'étaient
rien, rien que les illusions mensongères d'une ima-

gination troublée. Si donc le malheur de votre éducation, un mauvais entourage, de pernicieux exemples ; — il y a tant de causes, hélas ! dans ce siècle soi-disant éclairé, qui tendent à corrompre les plus généreuses natures, et à obscurcir les meilleurs esprits, — vous ont placé dans la stricte obligation d'entreprendre ce douloureux pèlerinage, oh ! n'hésitez pas : les obstacles ne sont qu'apparents, et la route, pour être parsemée d'écueils, n'en est pas pour cela impraticable. Assez d'exemples proclament que les explorateurs qui ont pénétré dans ces contrées, redoutables seulement aux timides et aux lâches, sont revenus chargés de riches dépouilles, et possesseurs de merveilleux secrets. En avant donc : Dieu, d'ailleurs, tient en réserve des lumières et des secours que maintenant vous ne soupçonnez pas, mais qu'il vous dispensera en son jour ; en ce jour où, déjà purifiés par le repentir, vous aurez pris la résolution généreuse de revenir à lui et d'accepter ses grâces. — Sans cette condition préalable, ces faveurs seraient prématurées ; ce serait (pardon du mot, trop énergique peut-être, mais aussi trop vrai), ce serait comme ces perles jetées à certain animal de la fable, et qu'il dévore sans en connaître la valeur. — Surtout (et c'est là la morale que je veux tirer de cette histoire), que les premières amertumes du doute et les premières terreurs de la vérité ne vous rebutent pas ; car, semblable à ce vin du Rhin dont on ne perçoit d'abord que le bouquet âpre et amer, mais qui renferme un feu généreux, capable de rappeler la chaleur et la vie dans un corps épuisé ; ainsi la foi ne porte le trouble dans notre âme que pour y réveiller cette vie de la grâce qui ranime en nous la chaleur de l'espérance, et les ardeurs de la vertu.

FIN.

www.ingramcontent.com/pod-product-compliance
Lightning Source LLC
Chambersburg PA
CBHW050004100426
42739CB00011B/2497